AI

5G

产业大脑

企业数字化转型赋能

卜向红　陈伟兴　张峰生◎著

中国铁道出版社有限公司

CHINA RAILWAY PUBLISHING HOUSE CO., LTD.

图书在版编目（CIP）数据

产业大脑：企业数字化转型赋能/卜向红，陈伟兴，
张峰生著.—北京：中国铁道出版社有限公司，2022.5
ISBN 978-7-113-28782-5

Ⅰ.①产… Ⅱ.①卜… ②陈… ③张… Ⅲ.①数字技
术—应用—企业管理—研究—中国 Ⅳ.①F279.23-39

中国版本图书馆CIP数据核字(2022)第010721号

书　　名：*产业大脑：企业数字化转型赋能*
　　　　　CHANYE DANAO : QIYE SHUZIHUA ZHUANXING FUNENG
作　　者：卜向红　陈伟兴　张峰生

责任编辑：马慧君　　电话：（010）51873005　　投稿邮箱：zzmhj1030@163.com
封面设计：宿　萌
责任校对：焦桂荣
责任印制：赵星辰

出版发行：中国铁道出版社有限公司（100054，北京市西城区右安门西街8号）
网　　址：http://www.tdpress.com
印　　刷：三河市国英印务有限公司
版　　次：2022 年 5 月第 1 版　　2022 年 5 月第 1 次印刷
开　　本：710 mm×1 000 mm　1/16　印张：12.75　字数：183千
书　　号：ISBN 978-7-113-28782-5
定　　价：59.80元

进入数字时代以来，5G、大数据、物联网、云计算、人工智能等新一代信息技术在城市建设、产业转型等方面得到了广泛应用。产业是经济发展的重要基石。在新的时代背景下，产业的高质量发展、核心竞争力的提升受到了广泛关注。随着大数据应用逐渐成熟，大数据逐渐成为产业转型发展的外在动力。

产业大脑是以强大的数据能力为基础，通过描绘经济运行态势，洞察产业链的发展情况，从多个角度对产业信息、各区域产业与企业的发展趋势、经济发展情况进行剖析，为政策落地、产业发展提供强有力的支持与助力。

面对产业大脑轰轰烈烈的发展趋势，人们提出了一个问题，即为什么要构建产业大脑？

如果我们将产业比作一个生命体，那么"大脑"的重要性自然不言而喻。即便这个生命体的各个部位都瘫痪了，只要大脑还在运转，就可以继续创造价值。在产业转型发展的当下，以大数据为基础构建数字化产业，推动产业高质量发展已经成为当务之急。而产业大脑能以庞大的数据资源为依托，利用先进的大数据技术，从多个层面对产业进行智能化分析，推动产业实现智能化转型与发展。

简单来说，产业大脑可以根据当地的产业发展政策与规划，为重点行业装上一颗"智慧大脑"，围绕当地的重点产业建设数字化产业地图，然后利用优质的资源构建动态跟踪数据库，对产业发展需求以及产业发展面临的问题进行智能分析与评估。

中国电子信息产业发展研究院院长张立认为："工业互联网产业大脑是工业互联网产业链的底座"，"以产业大数据为基础、产业链图谱为核心，构建 PaaS 平台，提供 SaaS 应用，工业互联网产业大脑已经成为实现'产业链现代化、产业基础高级化'的落地路径"。

但产业大脑的构建并非易事，不仅需要依靠产业自身的力量，还要借助外力。这个外力就是大数据。大数据可以通过对产业发展曲线进行分析，发现影响产业发展的关键问题。例如，产业决策失误、分布情况模糊等会导致产业定位出现问题，使产业失去核心竞争力。因此，以大数据技术为依托建设产业智慧大脑，已经成为产业高质量发展、智慧化发展的重要手段。

除了大数据以外，构建产业大脑还要用到很多其他的技术，例如，区块链、空间统计分析技术、报告自动生成技术、可视化技术、数据建模等。在这些技术的支持下，产业大脑可以形成产业链、创新链、空间链互动图谱，对产业发展的优劣势进行深刻分析，为产业"锻长板、补短板"提供精准的策略支持。

本书从"产业大脑"这一概念的提出切入，对产业大脑的应用场景进行初探，并从工业互联网、未来工厂、5G+AI 赋能、企业上云、工业云、产业互联网等角度，结合通用电气、航天云网、优海信息等实际案例，对产业大脑在产业、企业数字化、智能化转型领域的应用进行多维度剖析，为处在数字化、智能化转型关口的企业提供有益指导与建议。本书结构严谨、脉络清晰、内容丰富、语言简洁，适合企业管理者、企业发展战略的制定者、行业研究者、高校师生以及对产业转型发展感兴趣的普通读者翻阅。

本书共分五大部分：

第一部分：工业赋能篇。2021 年 2 月 18 日，浙江省召开全省数字化改革大会，率先提出"产业大脑"的概念，并围绕产业大脑建设进行顶层设计，依托工业互联网平台，构建低时延、高可靠、广覆盖的新型网络设施，推动制造业产业链现代化，为制造业的智能化转型提供强有力的支持和助力。

第二部分：未来工厂篇。随着产业大脑、工业互联网建设的不断推进，数据、资源在产业链内自由流通。数据成为驱动生产决策、管理决策的关键要素，极大地提高了生产系统对市场的响应速度与效率，为大规模个性化定制的实现提供了可能。同时，以工业互联网为平台，制造企业的制造能力、创新能力、服务能力可以实现共享。制造企业将具备更多服务能力，实现服务化转型与升级。

第三部分：5G 智能工业篇。工业互联网以及产业大脑的建设离不开 5G 与 AI 两大技术的支持。工业互联网被视为 5G 商业化应用的主战场，二者结合在协同研发设计、远程设备操控、机器视觉质检、设备故障诊断、厂区智能物流、无人智能巡检等领域有着广阔的应用空间。"AI+ 工业互联网"也是如此，产品缺陷检测、设备预测性维护、柔性化生产与制造等应用将颠覆传统的工业生产模式，带领工业生产进入新阶段。

第四部分：企业上云篇。云计算是企业数字化转型的基石。为了鼓励企业上云，国家出台了一系列政策。在政策的支持下、企业的努力下，我国云计算市场规模不断扩大，企业上云形成了"三步走"战略，取得了初步成效。2010 年，国家提出工业云这一新概念，吸引了众多企业探索实践，诞生了一系列工业云平台，包括 Predix 平台、Ability 平台、优海云工业互联网平台等，为工业互联网云平台建设做出了有益示范。

　　第五部分：产业互联网篇。产业互联网是伴随着新一轮产业技术革命出现的一个概念，可以颠覆现有的生产方式，是企业数字化转型的重要突破口。在产业互联网的作用下，产业边界将变得愈发模糊，传统的产业链、价值链将得以重构，整个行业将形成一种价值共生的生态格局。但产业互联网建设并非易事，除了要做好顶层设计之外，还要搭建产业投融资体系，为产业互联网建设提供源源不断的资金支持。

目录

第一部分 工业赋能篇

第1章 产业大脑：开启数字经济发展新引擎 /002

01 产业大脑：打造数字经济新形态 002

02 数智赋能：引领产业数字化转型 004

03 顶层设计：产业大脑的建设原则 006

04 应用场景：社会治理的数字化转型 008

05 长三角新能源汽车产业大脑建设路径 010

第2章 工业互联网赋能制造产业链现代化 /016

01 科技革命与全球产业链重构 016

02 推动制造业产业链现代化 018

03 工业互联网开启"智造未来" 022

04 工业互联网推进制造业产业链现代化 024

第3章 技术体系：工业互联网的平台架构 /028

01 工业互联网平台的架构体系 028

02 工业互联网平台的运作原理 030

03 工业互联网平台的关键技术 033

04 工业互联网平台的进化路径..........................036

05 工业互联网平台的应用场景..........................039

第4章 工业App：软件定义的数字工业时代/044

01 工业App重新定义工业互联网..........................044

02 全面释放工业大数据的价值..........................047

03 我国工业App的发展现状与问题..........................050

04 工业App的发展模式与未来趋势..........................053

第二部分 未来工厂篇

第5章 智能化生产：赋能工业数字化转型/058

01 智能化生产的三大特征..........................058

02 智能化生产的典型应用场景..........................060

03 企业实现智能化生产的策略路径..........................063

第6章 网络化协同：数据资源的互通共享/066

01 网络化协同的四大特征..........................066

02 网络化协同的典型应用场景..........................068

03 网络化协同制造模式的实现路径..........................072

第7章 数字化管理：全价值链的无缝衔接/074

01 数字化管理的三大特征..........................074

02 数字化管理的典型应用场景..........................076

03 企业实现数字化管理的转型策略..........................078

第8章 个性化定制：打造柔性制造新模式/081

01 个性化定制的三大特征..........................081

02　个性化定制的典型场景应用 ………………………………083

03　基于工业互联网的个性化定制 ………………………………085

第 9 章　共享化制造：驱动制造资源优化配置 /088

01　共享化制造的三大特征 ………………………………………088

02　共享化制造的典型场景应用 …………………………………089

03　如何培育共享化制造新模式 …………………………………092

第 10 章　服务化延伸：促进制造业服务化转型 /094

01　服务化延伸的三大特征 ………………………………………094

02　服务化延伸的典型场景应用 …………………………………096

03　制造业服务化转型的实践策略 ………………………………098

第三部分　5G 智能工业篇

第 11 章　5G 制造：开启工业互联网未来图景 /102

01　5G 赋能工业互联网的未来 …………………………………102

02　5G 工业互联网的典型应用场景 ……………………………104

03　基于 5G 边缘计算的工业互联网 ……………………………108

04　5G 工业互联网应用的挑战与对策 …………………………111

第 12 章　工业 AI：驱动智能工厂数字化转型 /114

01　场景 1：产品缺陷检测 ………………………………………114

02　场景 2：设备预测性维护 ……………………………………116

03　场景 3：工业生成设计 ………………………………………118

04　场景 4：柔性化生产与制造 …………………………………118

05　场景 5：能耗预测与低碳减排 ………………………………120

06　场景 6：智能化供应链决策 …………………………………122

第 13 章　数字孪生：从物理世界到数字世界 /123

01　数字孪生的六大核心技术 123

02　产品全生命周期的数字主线 125

03　实时互联：打通数据的脉络 128

04　数字孪生的应用实践与典型案例 130

第四部分　企业上云篇

第 14 章　企业上云：赋能数字化转型的思考 /134

01　云计算：企业数字化转型的基石 134

02　企业上云的发展现状与趋势 136

03　企业上云面临的五大挑战 138

04　企业上云"三步走"战略路径 140

第 15 章　工业云：制造企业"上云用数赋智"/143

01　工业云：打造工业经济新业态 143

02　制造企业数字化转型的新动能 144

03　工业云的关键技术与发展趋势 146

04　工业云在制造企业的落地策略 150

第 16 章　工业互联网云平台与信息安全建设 /154

01　通用电气：Predix 平台 154

02　ABB 集团：Ability 平台 156

03　航天云网：INDICS+CMSS 平台 158

04　中科云翼：互联智造服务平台 160

05　优海信息：优海云工业互联网平台 161

第五部分　产业互联网篇

第 17 章　推进数字产业化和产业数字化转型 /166

01　产业互联网：信息化 3.0 时代 166

02　互联网的下半场革命来临 167

03　人类生产与生活的全面融合 169

04　数智融合：迈向智能社会 170

第 18 章　产业互联网重塑全产业链与价值链 /173

01　创新内涵：打破产业的边界 173

02　顶层设计：底层逻辑与创新路径 174

03　产业组织：构建价值共生的生态格局 176

04　技术架构：从数字产业化到产业数字化 179

第 19 章　生态创新：产业互联网的商业落地 /183

01　从平台化到生态化的跃迁 183

02　加快从第三方平台到第四方平台 184

03　搭建完善的产业投融资体系 185

04　产业互联网的突围与创新方向 188

1

|第一部分|

工业赋能篇

　　围绕产业大脑建设进行顶层设计，依托工业互联网平台，构建低时延、高可靠、广覆盖的新型网络设施，推动制造业产业链现代化，为制造业的智能化转型提供强有力的支持和助力。

第1章　产业大脑：开启数字经济发展新引擎

◉ 01　产业大脑：打造数字经济新形态

在新一代科技革命、产业革命的背景下，数字经济迅猛发展，对人们的生活方式、生产方式、经济社会发展、全球治理体系、人类文明进步产生了重大影响。尤其是在新冠肺炎疫情防控常态化的当下，人工智能、大数据、云计算等新一代信息技术的广泛应用，对维持社会正常运转、对冲经济下行压力意义重大。

为了推动数字经济快速发展，近几年，我国相继出台了一系列数字化转型政策，以期将数字经济打造成经济提质增效的"新变量"、经济转型增长的"新蓝海"以及重构经济发展"新图景"，推动我国经济持续稳定增长。

在我国，消费领域的数字化转型推进速度较快，企业和产业的数字化转型刚刚开始，制造业的数字化转型速度与程度都亟待提升。未来很长一段时间，我国数字经济的发展都要与制造业深度融合。

制造业的数字化转型，是推动数字经济与实体经济相互融合，推动制造业高质量发展的重要突破口。因此，未来，我国要将制造业作为数字经济的主战场，推动数字技术在生产、研发、设计、制造、管理等领域广泛应用，推动"中国制造"向"中国智造"转型发展。

◆ **产业大脑的起源、概念及内涵**

2021 年 2 月 18 日，浙江省召开数字化改革大会，发布《浙江省数字化改革总体方案》，全面启动浙江数字化改革。方案指出，围绕科技创新和产业创新双联动，着力提升数字经济治理体系和治理能力现代化。以工业领域为突破口，以产业大脑为支撑，以数据供应链为纽带，实现资源要素的高效配置和经济社会的高效协同，形成全要素、全产业链、全价值链全面连接的数字经济运行系统，赋能高质量发展、竞争力提升、现代化先行，努力打造全球数字变革高地。

产业大脑是基于系统集成和经济调节智能化的理念，将资源要素数据、产业链数据、创新链数据、供应链数据、贸易流通数据等汇聚起来，运用云计算、大数据、人工智能、区块链等新一代信息技术，对数字产业发展和产业数字化转型进行即时分析、引导、调度和管理，实现产业链和创新链双向融合，推动数字经济高质量发展。

具体而言，产业大脑就是以工业互联网为支撑，以数据资源为核心，运用新一代信息技术，综合集成产业链、供应链、资金链、创新链，融合企业侧和政府侧，贯通生产端与消费端，为企业生产经营提供数字化赋能，为产业生态建设提供数字化服务，为经济治理提供数字化手段，着力推动质量变革、效率变革、动力变革。

产业大脑主要由数据中枢系统、政府端数据仓、企业端数据仓等构成。在政府端，它基于一体化、智能化公共数据平台推动政府各部门有关数字经济运行的公共资源数据共享应用；在企业端，它基于工业互联网平台构建全要素、全产业链、全价值链的全面连接，推动生产方式、产业链组织、商业模式、企业形态重构，提高经济社会的运行效率和资源要素的配置效率。产业大脑推动数据汇聚共享。

◆ **构建产业大脑建设体制机制**

根据《浙江省数字化改革总体方案》，浙江省在产业大脑体制机制方面提出以下几点建设思路：

（1）基于一体化、智能化公共数据平台和工业互联网平台，打通政府端的数据仓和企业端的产业数据仓，实现供应链创新链数据与公共资源数据互联互通，有效支撑多样化的经济数字化治理、产业数字化服务、数字产业化发展应用场景，提升政企协同能力。

（2）支持建设工业互联网平台。支持 supET 平台、supOS 工业操作系统等基础性平台企业加强与工业企业、互联网企业、行业性平台企业、金融机构等合作，构建"生产服务＋商业模式＋金融服务"跨界融合的工业数字化生态。

（3）突出行业共性、特色产业集群、产业链创新协同，充分发挥地方政府主导作用，依托龙头企业建设行业级、区域级、企业级工业互联网平台。

（4）探索建设未来产业先导区。以浙江省"万亩千亿"产业平台、产业园区、特色小镇等为载体，依托产业大脑优化配置资源要素，探索未来产业先导区建设，积极探索未来产业培育模式和路径，为加快数字产业发展、构建新发展格局破题。

◉ 02　数智赋能：引领产业数字化转型

数字经济与实体经济相互融合，除了要加强数字基础设施建设之外，还要对实体经济进行改造，全面提高实体经济的发展质量与发展效益，提高实体经济的竞争力，推动整个经济体系实现优化升级。在数字基础设施建设方面，产业大脑是我国建设先进制造业基地的一次重大探索，是数字化时代制造业迈向现代化的必然选择。

◆　产业大脑是提升产业链现代化水平的重要途径

新冠肺炎疫情给全球产业链带来巨大冲击，确保产业链安全成为各国关注焦点。我国从细分行业起步，通过产业大脑的数字技术和数字算力对制造业进行全方位、全角度、全链条的数据链构建和数字化改造，夯实产业现代化发展基础。

再将细分行业的创新资源与服务能力向行业汇聚，利用中枢体系向上下游企业，以及关联行业精准释放，有机串联形成行业产业大脑，支撑行业协作流程优化、协作链条重构、生产模式创新，提升行业竞争力和带动力，推动疫情后产业链重构和产业链现代化。

最后推动行业产业大脑间跨行业融通，催生新兴业态，带动新型服务业发展，促进数字产业化发展，推动产业向微笑曲线两端延展、向价值链高端跃升。

◆ 产业大脑是构建国内国际双循环的必然要求

产业数字化是释放数字技术对制造业发展放大、叠加、倍增作用的重要基础，是提高我国制造业国际竞争力的重要支撑，是构建产业新发展格局的迫切需要。产业大脑以需求为驱动，以数据为核心，打造产业链、供应链充分畅通的制造枢纽，内外贸有效贯通的市场枢纽，培育新模式新业态的产业变革枢纽，加速形成新的价值创造、价值获取和价值实现模式，更加高效地满足国内外市场需求。

同时，产业大脑利用数字技术对制造业以点带面、点面结合的渗透嵌入式融合，打破时间和空间限制，整合国内外上下游制造企业，打造高端制造业发展高地，形成若干世界级产业集群，推动国内循环与国外循环体系的有效对接和相互促进。

◆ 产业大脑是推动经济高质量发展的重要支撑

产业大脑运用云计算、大数据、人工智能、区块链、物联网等信息技术的融合发展与创新应用，构建数据价值链。通过建立数据生态，促进供给侧资源整合和优化配置，整体提升供给侧创新能力和数字化水平；通过开发丰富的应用场，使企业的生产效率进一步提升，生产要素配置更加优化，降本增效，激发企业创新活力；支撑政府的经济调节、市场监管、社会治理、公共服务、环境保护等能力，政府的治理体系和能力趋于现代化，实现政府决策科学化、社会治理精准化以及公共服务高效化的目标。基于产业大脑，各产业向更合理、更高效、可持续的发展模式转变，推动"八八战略"再深化，促进经济高质量发展。

● 03 顶层设计：产业大脑的建设原则

产业大脑是一个复杂的巨系统，必须运用系统观念和系统方法，加强顶层设计，持续创新迭代。以浙江省为例，浙江省遵循"政府引导、企业主体、价值导向、社会共建"的总体思路，聚焦解决企业实际问题，以企业应用效果为导向，建立"改革为先、服务为重、合作共赢、争先创优"的赛马机制，通过"揭榜挂帅"等方式，鼓励注册的领军型平台企业、链主型企业、产业链上下游企业共同体等主动承担产业大脑的分行业建设应用试点，积极吸纳各类科研机构、专家学者和社会组织广泛参与、出谋划策。

◆ 产业大脑的建设思路

产业大脑采取资源共用、多方共建的模式，聚焦产业生态、新智造应用、共性技术、服务企业等需求，以企业或企业共同体为主，基于"1+N"工业互联网平台和统一标准，建设细分行业产业大脑，推动形成"一行业一大脑"的发展格局，最终集成为整体产业大脑的创新生态体系。

产业大脑创新生态体系以经济领域数字化改革为牵引，以产业大脑为引擎，用数据流加速技术流、资金流、人才流有机循环，构建全要素、全产业链、全价值链的全面连接，支撑智能新产品、个性化定制、网络化协同、智能化生产、服务化延伸、数字化管理等新模式新业态的发展，形成"产业大脑+未来工厂"的发展格局，推动生产方式、产业链组织、商业模式、企业形态重构，提高经济社会的运行效率和资源要素的配置效率，补齐产业发展短板，加速经济高质量发展。

产业大脑综合支撑系统采取整体统一的模式，以政府建设为主体。在一体化智能化公共数据平台（"政务一朵云"）基础上，统一建设产业大脑综合支撑系统，帮助各级政府掌握产业发展态势、预测产业发展趋势、监测产业风险、评估产业发展质量、科学谋划产业布局、精准引导招商引资、高效配置资源要素、方便精准服务企业。各地基于地方一体化智化公共数据平台，建设地方专区，分建地方产业数据仓、产业中台、产业服务目录，创新地方应用场景。

◆ **产业大脑的建设原则**

产业大脑建设需要遵循四大原则，如图 1-1 所示。

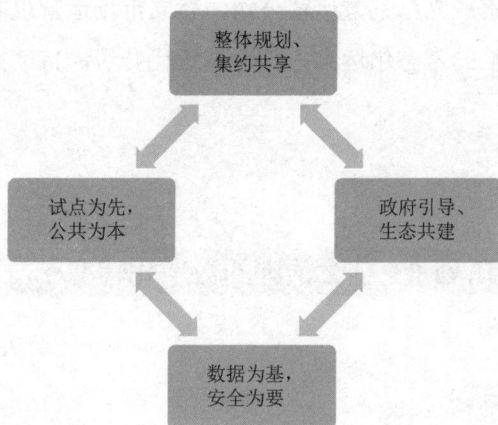

图1-1　产业大脑建设的四大原则

（1）整体规划、集约共享：坚持整体性规划与一体化设计。省级产业大脑统一建设、融合联动、多级应用，推动数据汇通、系统应用协同创新；通过产业大脑基础支撑平台集约建设、共性能力整合复用，以及与已有的相关应用系统和平台的对接利用，降低产业大脑建设应用的投资成本。

（2）政府引导、生态共建：政府牵头，搭建统一平台，制定统一标准规范，建立评价与激励机制，推动产业大脑在各地的应用覆盖，引导各地因地制宜创新产业大脑应用场景；鼓励生态建设，激发企业与社会的创造力，通过行业产业大脑实现协同创新，为相关产业链上下游企业数字化转型提供高质量共性支撑，整体提升行业综合竞争力。

（3）数据为基，安全为要：建立标准化数据体系，支持政府与各行业数据的综合接入、一体化整合和组件化输出，建设高质量、可用、高价值的行业大数据中心；开发覆盖"云、网、边、端"的一体化安全解决方案；建立安全防护机制，实现终端、网络、数据、运营、运维等安全；建立数据安全使用机制，保障企业隐私，保护知识产权。

（4）试点为先，公共为本：在若干细分行业产业大脑试点成熟的基础上集成为行业产业大脑，由各行业产业大脑集成为总体产业大脑，做实做稳产业基础；探索成立第三方运营公司，建立市场运营机制，确保公共属性，实现产业大脑的常态化运维，长期性迭代升级，持续撬动产业高质量发展。

◉ 04 应用场景：社会治理的数字化转型

◆ **企业应用场景**

（1）打造产业生态。重点解决产业上下游协同程度低、资源配置效率低等问题，为行业企业提供协同创新、成果转化、协同制造、检验检测、数字营销、供应链物流、供应链金融、物资联储联备、产品全生命周期追溯、行业专家、产业地图等应用。

（2）推广新智造应用。重点解决企业数字化转型"不敢用、不会用、用不起"和内部各环节数字化水平低等问题，为行业企业提供研发设计、物资采购、智能生产、仓储物流、管理运维、产品销售、环保管理、安全生产等应用。

（3）分享共性技术。重点解决行业相关知识技术资源分散、难以获取等问题，为行业企业提供智能工具、工业设计、机理模型、工业 App、共享实验室、行业数据、行业知识、工控安全等应用。

（4）集成政府服务。重点解决政府资源分散，难以实现精准服务等问题，以企业码为载体，集成更多服务企业事项，为行业企业提供规划引导、标准规范、惠企政策、资源要素、科技创新、金融服务、人才服务、企业减负、行业分析、企业对标、企业画像等应用。

（5）地方特色应用。依托行业产业大脑，加快本地行业企业的应用覆盖，开展地方特色应用场景的创新和服务。各地围绕本地的特色优势、特色产业，利用工业互联网创新应用服务资源，引导当地园区和企业建设行业级、区域级工业互联网平台，开展地方特色应用场景建设和推广应用；条件成熟的，经相关程序考核评估后，可培育升级为省级行业产业大脑。

◆　政府应用场景

通过标准化、智能化、业务化服务能力，在数字经济综合应用门户（政府侧）提供政府管理应用场景和地方专区应用场景。

（1）政府管理应用场景。支撑面向政府管理场景的应用超市建设，包括产业链图谱、运行分析、风险预警、产业地图、亩均效益、生产安全、环境保护、能源消费、园区管理等，促进应用融合、场景融合、业务融合。

（2）地方专区应用场景。在省一级总体架构、统一标准、用户体系和"企业码"资源的基础上，各地基于本地一体化智能化公共数据平台，开展地方产业数据仓、地方产业服务目录等建设，对接省级产业大脑综合支撑系统，在地方产业数据仓基础上，结合省级政府侧产业数据仓可开放的数据，支撑本地区产业运行分析、风险预警、产业地图、亩均效益、生产安全、环境保护、能源消费、园区管理等应用场景建设，并为企业提供本地化要素保障、科技创新、金融服务、财税支持、人才支撑等服务。

◉ 05 长三角新能源汽车产业大脑建设路径

长三角作为中国车界'新硅谷'，汽车产业规模经济特征显著，关联产业多、配套环节多、产业链长、技术及资本密集。长三角聚集了100多个年工业产值超过100亿元的产业园区，包括上汽集团、吉利控股集团、奇瑞控股集团、江淮汽车集团等数千家大型企业。长三角集群的30个城市中，有超过14个城市已经拿到或规划有新能源汽车项目，涉及新能源汽车项目超过20个，累计计划产能超过300万辆，累计计划投资超过1 000亿元。

为支撑数字经济领域改革，加速长三角新能源汽车产业链和创新链融合发展、相互促进，推动长三角区域各级政府、新能源汽车整车和零部件企业高效协同，催生新能源汽车数字经济产业生态，探索长三角新能源汽车产业共享制造新模式、新业态，推动产业链上下游和谐发展，加强三省一市（江苏省、浙江省、安徽省、上海市）新能源汽车产业链延链、补链、强链，促进长三角新能源汽车产业高质量发展，长三角新能源汽车产业大脑建设势在必行。

◆ 二级节点标识公共服务平台

梳理三省一市新能源汽车产业链，建立产业链企业会员管理系统，绘制长三角地区产业链地图；根据产业链地图，对于缺少的环节进行补链，薄弱的环节进行强链，必要新增及创新领域的环节进行延链；根据产业链地图编制长三角地区优质国产零部件目录，配合政府部门填补国产零部件替代进口目录空缺。

（1）构建长三角新能源汽车国家二级节点标识公共服务平台，联合二级节点解析系统服务商，对长三角区域产业链企业、物品、设备等推广国家制定编码规范的工业互联网标识。

（2）产品追溯应用。从原材料供应、生产制造、物流运输、分发销售、到最终使用，单产品的信息分散在不同的系统中，通过标识解析将分散在流通主体的信息共享，实现追溯应用；通过标识解析正向监控产品从生产 / 加工到售后的产品状态信息，反向追溯从售后服务到前期生产过程各环节中产品的质量信息。

（3）供应链管理应用。通过标识解析，将零部件从生产制造、运输、质检、仓储、装配至整车、终端销售、维修服务、更换、报废回收全过程都进行记录和注册，收集零部件全生命周期的质量数据，帮助供应商提升零部件质量。

（4）产品全生命周期管理应用。从订单下达到完成制造，从销售发货到用户停止使用，产品的两大阶段中存在着大量的数据，这些数据分散在企业各类制造系统及销售服务系统中。通过唯一的产品标识，将生产制造阶段和消费使用阶段的各种数据进行关联和绑定，从而提供产品完整的数据管理，并可应用于追溯、售后服务、智能制造等各个方面，帮助企业实现对产品价值和成本的大数据分析。

（5）最终实现长三角新能源汽车产业链企业的全球供应链系统和企业生产系统的精准对接、产品的全生命周期管理和智能化服务。

◆ **行业制造平台**

（1）工业数据采集和汇聚。在工业数据采集和汇聚方面，长三角新能源汽车产业制造平台可以通过以下方式实现，如表 1-1 所示。

表1-1 工业数据采集和汇聚

序号	主要内容
1	通过机器联网、数据采集模块等方式，实现企业生产设备联网，采集设备状态、参数、产量、报警等数据，通过边缘设备接入实现数据汇聚到平台；对老旧无联网功能的设备通过增加智能控制硬件、联网模块等方式进行改造，实现设备的数据（温度、压力、振动、位置等）采集
2	通过智能终端（PC、平板、移动设备）等方式，实现企业人员联网，采集设计、生产和管理数据（设计图纸、工艺文件、生产要求、结果、异常、优先级等），通过边缘计算设备或直接连接的方式实现数据汇聚到平台
3	通过条形码、标签、激光打码等技术，对生产过程中的物料、半成品、成品等物件进行标识、扫码，采集物料、半成品、成品数据，通过边缘计算设备或直接连接的方式实现数据汇聚到平台
4	通过智能传感器、4G/5G模块、Lora、NB-IoT等方式，实现生产系统的联网，采集产品生产过程数据（物料消耗量、电量、气量、水量、配件部件加工量、产品装配量、工人工作量、产品质量在线检测、产品包装入库量等数据），通过边缘计算设备或直接连接的方式实现数据汇聚到平台

　　长三角新能源汽车产业制造平台将实现产、供、销与进、销、存等业务关联数据的有机集成，为企业的采购、生产、营销等部门提供动态精准高效的服务。

　　（2）生产过程的无纸化管理。长三角新能源汽车产业制造平台将在车间及工厂级打通生产过程、业务流程和管理系统的数据，建立数字化指挥调度体系，提供各工岗应用微服务 App 以及动态排程核心应用，实现企业内部信息的数字化、实时化传递以及管理指令的下发与追踪，实现生产过程无纸化管理。

　　生产过程无纸化管理具体内容如表 1-2 所示。

表1-2　生产过程无纸化管理

管理体系	具体内容
各工岗应用微服务App体系	以标准化、规范化、蕴含工作经验知识的电子表单形式予以呈现，满足各个工业岗位的个性化需求，并实现相关数据的采集、知识与经验的封装、生产指令的下发以及运算处理，达到生产过程无纸化的管理效果，进而实现制造过程数据格式化、规范化沉淀，加速数字化、实时化的信息传递
生产指挥调度体系	打造智能实时动态的生产指挥体系，再依循工厂的责权利架构，建立中枢神经指挥系统，实现指令高效下达与信息高效精准交互，进而实现生产资源的实时动态指挥调度
动态生产排程体系	以事件驱动方式实时响应企业订单变化和生产过程中的意外调整，采用智能动态排程算法对生产过程和生产资源进行科学精准调配，并实时向生产资源发布指令，统管企业全局的运营工作，进而大幅提升企业整体管理水平
产品生产全过程管理体系	打通各环节、各系统的数据孤岛，实现从订单接收、设计、加工、装配、调试与交付的全环节进度采集、计划追踪以及数据汇总，动态掌握产品的生产进展和完成情况，实现产品生产全过程管理
生产过程质量管控体系	通过过程质量数据实时采集，建立人机料法环测的数据关联，实现企业内质量过程在线分析、实时反馈、过程质量评估与反馈跟踪，实现供应链上的质量监控、预警和可追溯等过程管理，并逐步建立全面数字化质量管理体系

（3）可视化的生产管理。长三角新能源汽车产业制造平台融合生产过程和业务管理过程，通过信息终端实现企业生产管理可视化；支持通过互联网方式远程访问，实现生产经营管理者实时了解生产过程信息的目标。

可视化生产管理具体内容如表1-3所示。

表1-3　可视化生产管理

可视化生产管理	具体内容
进度追踪	在信息终端上显示产品基本信息、生产计划与生产进度等信息，并支持搜索查询，实现产品进度可视化管理
数字地图	在信息终端上建立等比例工厂布局与流程图，实时追踪并映射产品与配件的地理位置和加工状态，并支持产品与配件的全局搜索查询，实现产品的可视化管理
设备管理	在信息终端上展示工厂设备的实时状态、当前生产任务、待加工任务以及生产负荷等信息，实现设备的可视化管理
过程质量管理	在信息终端上展示产品生产过程中质量受控状态、过程质量指数、质量异常预警、反馈与协同等信息，实现生产过程质量管理可视化和在线化

（4）大数据分析服务。大数据分析的核心是瓶颈和变动量的分析与预警。引入大数据和人工智能技术，基于工业生产数据，分析生产管理过程，如能耗分析、员工绩效分析、成本分析、设备生产效率分析、产品质量检测、预测性维护等，降低人工统计的工作量和对人工经验的依赖。具体如表 1-4 所示。

表1-4　大数据分析服务

大数据分析服务	具体内容
成本分析	在打通产品生产全过程数据的基础上，通过真实的生产过程数据统计分析，实时获得设计成本、采购成本、加工成本、装配成本等，为企业提供成本自动统计、利润分析等功能；此外，利用历史成本大数据以及智能预测算法，通过订单基本数据即可为企业提供成本预测，增加订单报价准确度，缩短报价周期
交期分析	在生产大数据的基础上，对人员效率、设备效率、准时率等数据统计分析，同时依托智能预测算法，及时预测出每个零件加工任务以及产品装配、调试的预计完成时间，实现设备负荷冲突预警、生产交期预测、超期预警等智能化辅助功能

续上表

大数据分析服务	具体内容
质量分析	实时统计产品设计、制造、装配、调试过程中的各类质量问题以及对应的解决方案，分类分级进行梳理、分析和沉淀，形成质量大数据库，并进行可视化展示，帮助管理层了解在制品质量状态，以便做出针对性改进措施，同时通过智能算法帮助一线员工预警可能发生的质量问题，以及快速定位生产常见问题，并给出推荐解决方案，大幅提升产品质量水平
负荷分析	对设备、人员的工作负荷以及生产工序节拍进行实时统计分析，为管理决策层实时提供设备、人员负荷数据，清晰准确地反映企业的运转负荷及工作状态，帮助企业进行订单接收、产线排程、产品交付等的管理决策，保证生产任务结构的合理性，提升企业的生产效率

◆ 共享创新平台

长三角新能源汽车产业制造平台聚焦新能源汽车加工制造能力的共享创新，发展汇聚生产设备、专用工具、生产线等制造资源的共享汽车工业互联网平台；发展多工厂协同的共享制造服务；发展集聚汽车零部件中小企业共性制造需求的共享工厂；发展以租代售、按需使用的设备共享服务；发展"平台接单、按工序分解、多工厂协同"的共享制造模式。

它将围绕中小企业、创业企业灵活多样且低成本的创新需求，发展汇聚成员企业多元化智力资源的产品设计和开发能力共享，扩展科研仪器设备和实验能力共享。

它将围绕物流仓储、产品检测、设备维护、验货验厂、供应链管理、数据存储与分析等企业普遍存在的共性服务需求，整合海量社会服务资源，探索发展集约化、智能化、个性化的服务能力共享。

第2章 工业互联网赋能制造产业链现代化

● 01 科技革命与全球产业链重构

新一轮科技革命和产业变革在全球范围内轰轰烈烈地展开，促使产业形态、核心要素和竞争范式发生了深刻变革。再加上，全球主要经济体之间的矛盾愈演愈烈，呈现出明显的逆全球化形势，导致全球经贸合作环境愈发复杂，现有的国际贸易分工体系逐渐崩塌。世界各国围绕产业链主导权展开了激烈的争夺。在此形势下，哪个国家掌握了产业链的主导权与控制权，就能在国际竞争中掌握优先权。

新中国成立以来，我国经过几代人的艰辛努力，不断提升综合国力，成为世界制造大国，形成了世界上最完整的工业体系。然而，我们也应该清醒地意识到，目前我国高端制造业核心材料和关键技术依赖进口，缺乏基础工业数据、装备和研发测试工具，新型基础设施服务水平与发达国家存在较大差距，产业控制力和产业在全球制造业领域的影响力亟待提升。只有解决这些问题，我国制造业才能升级产业基础，打造一个成熟、完整、有着较高附加值与韧性的制造业产业链，为产业安全、国际经济安全、国民经济高质量发展提供强有力的保障。

随着互联网、大数据等新一代信息技术快速发展，这些技术与制造业深度融合，催生了工业互联网。工业互联网可以构建低时延、高可靠、广覆盖的新型网络设施，将工业经济的各种要素、产业链与价值链连接在一起，推动制造业向着网络化、智能化、数字化的方向转型发展。在这个过程中催生一些新模式、新业态和新产业，颠覆现有的生产体系和服务体系，切实提高制造业产业链的发展水平。在此形势下，我国要大力发展工业互联网，推动工业互联网在制造业领域深入应用，建立健全制造业产业链，提高我国制造业的发展水平，向全球制造业产业链的中高端迈进，推动"制造强国"建设。

◆ 产业链内涵界定与全球产业链分布

产业链是以供需关系为基础，通过分工协作形成的相互依存、相互制约的链条式关联关系形态。产业链包含价值链、企业链、供需链和空间链，涵盖了产品生产或服务提供的全要素、全环节、全过程，反映了企业、产业、区域之间在生产过程中的分工协作方式、价值创造与传递方式、产业链构建与整合方式等。需要注意的是，产业链不是一成不变的，而是处在实时变化状态，深受技术创新、专业分工、协作模式、产业政策调整等因素的影响。

当前，全球产业链的基本格局是随着上一轮经济全球化不断推进形成的。一方面，欧美等发达国家将非核心业务外包出去，形成了产业转移；另一方面，新技术产业国际贸易兴起。发达国家转移出去的产业和新兴产业与接受国的生产优势相结合，使得国际分工不断细化，最终形成了经济全球化的格局。在这个全球产业链中，发达国家利用技术标准、国际贸易和国际专利框架等牢牢把控着产业链的价值高点，并将劳动密集型、资源密集型产业转移到发展中国家，使得发展中国家大多处于产业链的底端，获得的收益较少，对国际贸易的影响力也比较小，受到了非常不公平的待遇。

◆ 新科技革命浪潮下的全球产业链重构

目前，科技创新已经成为全球主流趋势，呈现出多点突破、群体迸发的特点，不仅出现了很多颠覆性的技术，而且催生了很多新模式、新业态，正在颠覆传统的生产方式。尤其是新一代信息技术飞速发展、通用目的的技术属性显著增强，对打破全球产业链现有格局、推动产业链创新发展产生了积极的作用。

在过去几十年的发展过程中，一些发展中国家借助通用目的新技术快速提升整体发展水平，实现了跨越式发展。这里以美国、德国、韩国为例。在 20 世纪前期，作为工业革命的后发经济体，美国、德国借助内燃机与电力技术及相关产业快速崛起。20 世纪后半叶，韩国借助电子科技技术及相关产业实现了跨越式发展。由此可见，发展中国家确实可以借助通用目的新技术快速崛起，但需要注意的是，这些国家的发展依赖的不是单一的产业链，而是利用基础性技术对整个产业链进行重构。

因此，在新一轮科技革命与产业变革中，各国都在努力争夺控制权，希望利用新一代信息技术巩固或者塑造竞争优势，优化产业布局，推动互联网、人工智能、大数据等新一代信息技术与制造业深度融合。目前，欧美、日本、韩国等发达经济体围绕制造业的高端化发展出台了一系列政策，希望借此巩固其在产业链高端的优势。中国、泰国、越南、印度尼西亚等新兴经济体围绕制造业的转型升级出台了一系列政策和措施，希望利用新一代信息技术提升在全球产业链、价值链中的地位，实现后发赶超，获得更多资源与利益。

◉ 02 推动制造业产业链现代化

在 2019 年 8 月召开的中央财经委员会第五次会议上，习近平总书记强调"打好产业基础高级化、产业链现代化的攻坚战"。在同年 12 月召开的中央经济工作会议上，习近平总书记进一步提出"要支持战略性产业发展，支持加大设备更新和技改投入，推进传统制造业优化升级……要健全体制机制，打造一批有国际竞争力的先进制造业集群，提升产业基础能力和产业链现代化水平"。

习近平总书记的这两大论调为新时代背景下我国产业链的转型发展奠定了基调，要求我国的产业链在现有基础上向更高水平迈进，满足社会主义发展新阶段的新要求，顺应我国经济社会发展的实际状况，迎合产业链从初级到高级、从传统到现代跃升的趋势，以更积极的姿态、更强的优势参与全球产业链竞争。

◆ **以产业链现代化带动我国产业发展向更高水平迈进**

产业链现代化是一个相对的概念，主要表现为产业基础能力提升、运行模式优化、产业链控制力增强和治理能力提升等。目前，现代化的产业链应该具备以下特征，如图2-1所示。

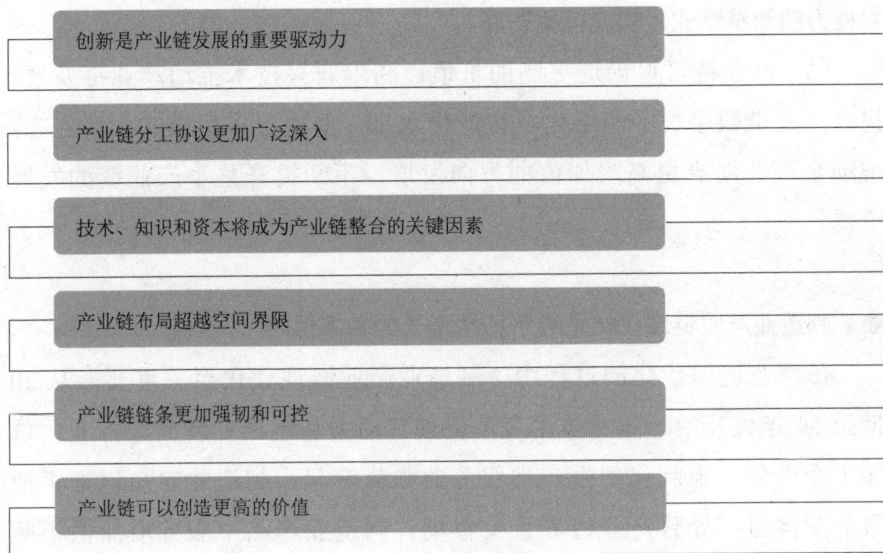

创新是产业链发展的重要驱动力

产业链分工协议更加广泛深入

技术、知识和资本将成为产业链整合的关键因素

产业链布局超越空间界限

产业链链条更加强韧和可控

产业链可以创造更高的价值

图2-1 现代化产业链的六大特征

（1）创新是产业链发展的重要驱动力。产业链发展的驱动力从单一的资本要素转变为创新要素，数据成为核心资源。创新资源与先进要素领域的投入越来越多，成为推动产业链、价值链转型发展的关键。

（2）产业链分工协议更加广泛深入。随着互联网、大数据、人工智能等新技术与制造业实现深度融合，产业链各主体将实现高效链接、紧密协同，实现更宽领域、更深层次、更高水平的融合发展。

（3）技术、知识和资本将成为产业链整合的关键因素。除资本外，核心技术与知识经验也将在产业链纵向、横向整合方面发挥重要作用，并带动相关模式与路径发生改变，尽快形成对产业链的掌控力。

（4）产业链布局超越空间界限。在网络平台与相关技术的支持下，产业链将在更大范围内突破空间限制，实现跨环节、跨主体、跨区域、跨国界的全方位链接，吸引更多主体融入全球分工协作体系。

（5）产业链链条更加强韧和可控。产业链更加完善，各环节协同更加灵活、高效，不仅可以保证系统稳定，还可以有效应对外部冲击。关键环节的核心技术不再依赖进口，完全实现自主可控，形成一批具备全球生态掌控力的领军企业，实现自主发展。

（6）产业链可以创造更高的价值。利用新兴技术推动产业链发展，提升产业链数字化、网络化、智能化水平，催生更多新模式、新业态，推动全产业向着更高附加值的方向发展，不断提升整个产业链的发展价值。

◆ **制造业产业链现代化是经济持续增长的基本保障**

在产业链现代化的过程中，制造业产业链现代化至关重要。从 20 世纪 60 年代开始，随着技术变革促使劳动力从制造业转向服务业，再加上个性化、定制化的生产性服务业强势崛起，制造业向知识密集型服务业演进，导致产业边界愈发模糊，制造业产品中服务增加值不断增长，使得一些国家开始"去工业化"，向"后工业化时代"迈进。在这个过程中，制造业增加值在国民经济生产总值中的占比、制造业从业人员在就业人口中的占比不断下降，服务业增加值在国民经济生产总值中的占比不断提升。事实上，从本质上看，这种产业变革不是真正意义上的"去工业化"，在经济增长的过程中，制造业依然发挥着至关重要的作用。

虽然从统计的数据看，制造业在国民经济所有产业中的占比有所下降，但它作为国民经济发展基石的地位从未动摇。正是由于制造业持续发展使得中间生产环节服务化，才带动服务业高质量发展，进而产生了大量的就业机会，带动了就业。同时，在制造业，尤其是高端制造业发展的过程中，先进的生产与服务产生的知识溢出效应推动了科技发展。制造业产业链的现代化发展可以持续拉动就业，刺激技术创新，推动社会经济实现健康可持续发展。

近几年，一些中等收入国家将经济发展重心从农业、矿业转向了服务业，或者经济发展过度依赖自然资源或初级农产品出口，导致经济发展陷入停滞。虽然大力发展服务业，建筑道路、景区等基础设施可以带动经济增长，提高生产效率，但如果没有强有力的制造业做基础，这种产业模式很难产生知识外溢，也不能推动技术创新。即便有技术创新，没有制造业产业链的支持，技术创新也只能停留在技术层面，无法落地应用，转化为实际的生产力。在这方面，巴西是一个典型案例。

2004—2007 年，巴西联邦政府通过"产业技术贸易政策（Industrial, Technological, and Foreign Trade Policy；葡萄牙文缩写：PITCE）"在《创新法（Innovation Law）》《税收减免与创新促进法（Good Law）》的基础上设立了一套全球领先的技术创新研发与应用体系。但在这一阶段，巴西仍处在去工业化阶段，制造业发展水平不高，综合实力比较弱，仅依靠单一的创新与产权保护体系无法提升创新实力。因此，即便巴西政府发布了一系列政策与法规，投入了大量资金，ICT 产品出口指数、WIPO 创新指标仍不断下降，创新实力没有得到丝毫的提升。

实践证明，制造业发展对提高生产效率意义重大。因此，产业链现代化应该将制造业的产业链现代化作为重点。

◉ 03　工业互联网开启"智造未来"

我国是全球唯一拥有联合国产业分类中全部工业门类的国家，共有 41 个工业大类、207 个工业中类、666 个工业小类，形成了全球最完整的制造业产业链。但从产业链发展水平看，我国制造业产业链发展水平较低，在全球产业链中处于中低端，在关键环节存在短板，部分领域的产业链掌控力比较弱。

在我国的制造业产业链中有 26 类极具代表性的产业链，其中，有 10 类产业对外依存度极高，部分产业链深受国外的技术制约。因此，在新一轮科技革命与产业变革的过程中，我国要抓住全球产业链重构的机遇，推动制造业转型升级，提高发展水平与质量，加快推进制造业产业链现代化建设。

随着互联网、大数据等新一代信息技术与制造业深度融合，工业互联网应运而生，为先进制造业的发展奠定了重要基础，吸引了越来越多国家的广泛关注。在工业互联网中，数据是核心，网络是基础，人、机、物实现泛在互联，各类数据实现互通，形成生产控制优化、运营决策优化、产业链/价值链优化三大智能闭环，最终实现全局智能优化，成为制造业数字化、网络化、智能化发展的重要基础。

工业互联网可以从三个层面进行理解，如图 2-2 所示。

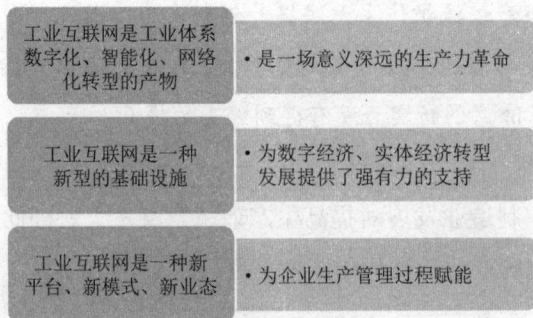

工业互联网是工业体系数字化、智能化、网络化转型的产物	• 是一场意义深远的生产力革命
工业互联网是一种新型的基础设施	• 为数字经济、实体经济转型发展提供了强有力的支持
工业互联网是一种新平台、新模式、新业态	• 为企业生产管理过程赋能

图2-2　工业互联网的三大层面

随着工业互联网在制造领域广泛应用，它将推动制造业的生产方式、组织方式、商业模式发生重大变革，推动全球产业链重构。

◆　**工业互联网为全产业链、全价值链泛在深度互联奠定了重要基础，为全面互联制造体系的构建提供了重要支持**

在工业互联网的作用下，原有的制造体系将打破时空限制，实现跨层级、跨企业、跨行业、跨区域、跨国界的协同发展，使得研究、设计、生产、营销、运维等环节有了跨区域协同的可能，可以促使各类创新资源与制造资源广泛聚集、高效匹配，使产业主体协作模式不断优化，使产业协作链条得以重构，进而全面提高资源使用效率和产业链的生产效率，不断提高产业链的附加值。

◆　**工业互联网是制造业数字化、网络化、智能化的重要载体，为全面信息数据链打造提供重要支持**

以工业互联网平台为依托，制造业可以形成数据服务体系，支持海量数据采集与分析，为形成新的生产方式提供支持，包括虚拟仿真、智能化生产、预测性维护、质量管控等，不断壮大原有产业的发展规模，完善产业链条，提高产业链的质量和效率；同时可以实现以数据为驱动力的创新发展，积累、沉淀制造经验，实现跨界融合创新，为规模化定制、服务化延伸等新模式的出现提供强有力的支持，加速新型工业网络、云化工业软件等新业态兴起，带动平台经济、共享经济不断发展，从产业链的低端向中高端迈进，促使产业链不断延伸，产业链的价值规模不断扩大。

◆　**工业互联网带动产业支撑体系发展，助力打造安全可控制造链**

随着工业互联网不断发展，制造业重点领域与基础领域的发展速度也将越来越快，进而带动工业软件、工业装备、工业自动化等领域快速发展，将芯片、操作系统、算法 / 模型、数据资源等打造成全产业通用的支撑要素，不断完善产业链，提高产业自主发展能力。

同时，工业互联网在制造业深入应用将催生一系列新兴产业，带动新型工业网络、边缘计算（Edge Computing）、数字孪生（Digital Twins）等领域实现产业化，形成完整的产业链，在补短板的同时推动新兴产业链不断发展，增强产业链的掌控力，提高产业链的发展水平。

◉ 04　工业互联网推进制造业产业链现代化

随着新一轮科技革命与产业变革的不断推进，全球产业链格局将被颠覆重构。在此形势下，我国要充分发挥制度优化与市场优势，整合全社会的资源，以我国超大规模的市场为依托，对制造业产业链发展进行统筹布局，从制度保障与资源投入两方面着手，提升工业互联网的供给能力和支撑能力，为制造业产业链现代化提供强有力的支持，不断拓展市场应用，构建自主可控的制造业产业链，提升我国在全球产业链中的地位。

◆ **统筹工业互联网与制造业发展布局，形成制造业产业链现代化顶层设计**

政府要发挥引领作用，明确制造业产业链现代化的发展方向，做好顶层设计，鼓励行业协同、企业联动、融合创新，为制造业产业链的现代化建设进行系统规划，具体措施如图 2-3 所示。

（1）对我国制造业产业链的发展情况进行系统梳理，对各个产业链的重要性、对外依存度、自主突破需要的时间等作出科学判断。据此制定发展路线，将整个发展过程划分为不同的阶段，明确各阶段的发展目标、发展重点和具体措施，引导各城市、各地区根据产业发展实际与产业集群基础寻找突破点和发力点，规划科学的发展路径，努力形成"全国一盘棋，地方差异化发展"的产业链现代化发展格局。

（2）秉持整体思维与系统思维对基础技术、共性技术、融合技术进行布局，以产业园、产业联盟、创新中心、开源社区等为依托，整合产业链各参与主体的力量，共同致力于基础共性技术和新型应用技术的研发。前者包括基础软件、核心芯片、操作系统等，后者包括人工智能、大数据、区块链、数字孪生、边缘计算等，二者的研发为制造业产业链现代化建设奠定良好的技术基础。

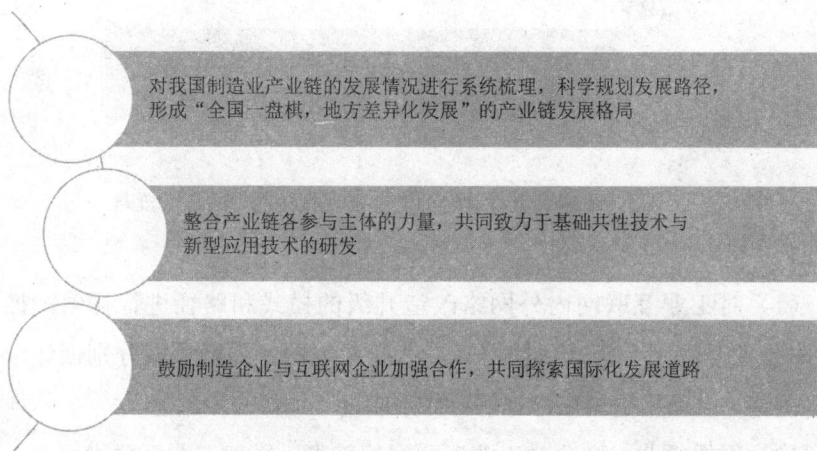

图 2-3　制造业产业链现代化建设的三大路径

（3）鼓励制造企业与互联网企业加强合作，共同探索国际化发展道路，以"一带一路"倡议为依托积极开展国际工业互联网项目，尝试在海外创建工业互联网示范区，输出中国标准，提升我国在全球制造业产业链中的话语权。

◆　加快工业互联网供给体系建设，增强支撑制造业产业链现代化的能力

建立健全人机物互联的基础设施，打通数据流通渠道，让数据在各个产业链之间自由流动；同时努力开发应用解决方案，为制造业产业链现代化构筑牢固根基。具体来看就是要做好以下三点，如图 2-4 所示。

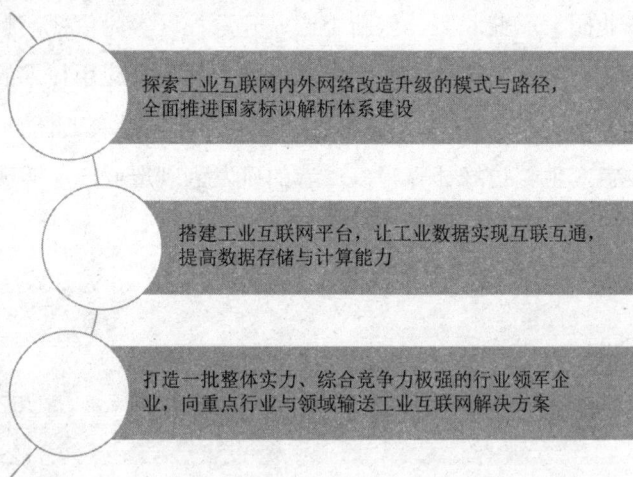

图2-4 提高支撑制造业产业链现代化能力的三大策略

（1）对工业互联网内外网络改造升级的模式和路径进行探索，推动"5G+工业互联网"模式尽快落地，在企业内网、外网领域分别创建一批标杆网络，全面推进国家标识解析体系建设，加快应用部署。

（2）根据行业、企业对工业互联网的需求，搭建工业互联网平台，并与边缘计算、云计算和区块链等技术相结合，让工业数据实现互联互通，提高数据存储和计算能力。

（3）根据特定行业的发展情况，秉持普遍竞争的发展思维，打造一批整体实力、综合竞争力极强的行业领军企业，向重点行业与领域输送工业互联网解决方案。

◆ **深化工业互联网在制造领域的应用，加速制造业产业链现代化的进程**

在"制造强国"建设背景下，我国制造业各行业要转型升级，向着产业链的中高端发展。因此，工业互联网建设要迎合制造业各行业高端化发展需要，拓展工业互联网应用的深度和广度，通过规模化的市场应用提高制造业产业链的整体发展水平。

一方面，我国要面向制造业各细分行业转型升级需求，以及大中小制造企业在转型发展过程中的痛点，形成具有普遍适用性的模式和路径，在不同的行业、企业复制应用，从而扩大工业互联网的应用范围。

另一方面，我国要鼓励中小企业应用工业互联网，并为之出台一些扶持政策，例如，政策采购、专项贷款等；同时搭建测试验证等应用服务支撑平台，推出工业互联网应用咨询服务，降低中小企业应用工业互联网的门槛。

◆ 加大相关制度和要素保障，为制造业产业链加速现代化营造良好环境

一方面，政府要出台相关政策支持融合创新与开放发展，聚焦制造业产业链现代化，面向特定发展阶段探索产业政策理念和实施手段；面向工业互联网建设过程中遇到的问题，出台更加精准的政策，将政策效应充分发挥出来；以国内、国际市场资源为基础，与国家标准和规则对接，创建国际化、法治化的营商环境，为制造企业"走出去"提供强有力的支持。

另一方面，政府要从资金、数据、人才等方面切入，为制造业产业链现代化提供支持。政府首先要对各类专项资金进行统筹应用，对基础技术、共性技术、融合技术的研发与产业化应用提供强有力的支持，帮助企业度过创新的艰难期，突破产业化发展瓶颈；其次要鼓励金融产品创新和金融服务创新，大力发展工业互联网金融或保险，为制造业产业链现代化拓展更多资金来源。

国家加快制定工业数据确权、流转、保护、交易等法规制度与数据开放共享规则，为数据规模化应用奠定良好的基础；聚焦工业互联网发展面临的问题，培养一批专业人才；深入推进校企合作与产教融合，对员工开展培训，增强员工的数字节能水平，为制造业的转型升级创建一支专业的人才队伍。

第3章 技术体系：工业互联网的平台架构

◉ 01 工业互联网平台的架构体系

近几年，在5G、人工智能、物联网等技术的推动下，新一轮产业革命在全球范围内轰轰烈烈地展开。云计算、物联网、大数据等信息技术在制造业领域深度应用，推动制造业向着数字化、网络化、智能化的方向快速发展，工业互联网平台也应运而生。

工业互联网平台以基于海量工业数据的全面感知为核心，通过端到端的数据集成与分析推动决策和控制实现智能化升级，创造一种集智能化生产、网络化协同、个性化定制和服务化延伸等功能于一体的新型制造模式。

工业系统不断延伸拓展，从物理空间延伸向信息空间，从可见世界延伸向不可见世界，可采集的数据类型不断丰富，数据采集范围和规模持续拓展。以丰富的大数据为依托，制造企业可以不断提高管理的精细化程度。但由于工业场景比较复杂，行业知识存在较大差异，传统的由少数大型企业驱动的工业生产模式已经无法满足企业的差异化需求。为了加快对市场的响应速度，企业在设计、生产等领域的资源协同愈发频繁，要求企业对设计、生产和管理系统进行升级，满足与其他企业开展业务交互的需求。

作为工业全要素链接枢纽与工业资源配置的核心，工业互联网平台在工业智能化发展过程中扮演着非常重要的角色，支持产业及生态开展全方位融合，支持制造资源实现泛在连接，提高资源配置效率与供给水平；在生产制造、企业运营等领域的应用空间非常广阔，对信息技术与制造业的融合发展产生了强有力的推动作用。

◆ 工业互联网平台的架构体系

工业互联网平台是以传统的工业云平台为基础，融合物联网、大数据、人工智能、数字孪生等新兴技术构建的更加高效、精准的网络应用体系，可以将工业技术与经验知识包装成模型或者软件重复使用。工业互联网平台通过构建海量数据采集、汇聚及服务体系，可以为制造资源的泛在连接、弹性供给和高效配置提供强有力的支持。

工业互联网平台建立在云计算、物联网、人工智能、大数据等新一代信息技术的基础之上，支持接入各种工业级设备，构建一个贯通企业内外的网络体系；支持数据实现跨设备、跨地域、跨平台的收集、管理和应用，为各种工业级应用提供支持。

工业互联网平台主要包含四大部分，分别是边缘层、设施层、平台层和应用层，其功能如图 3-1 所示。

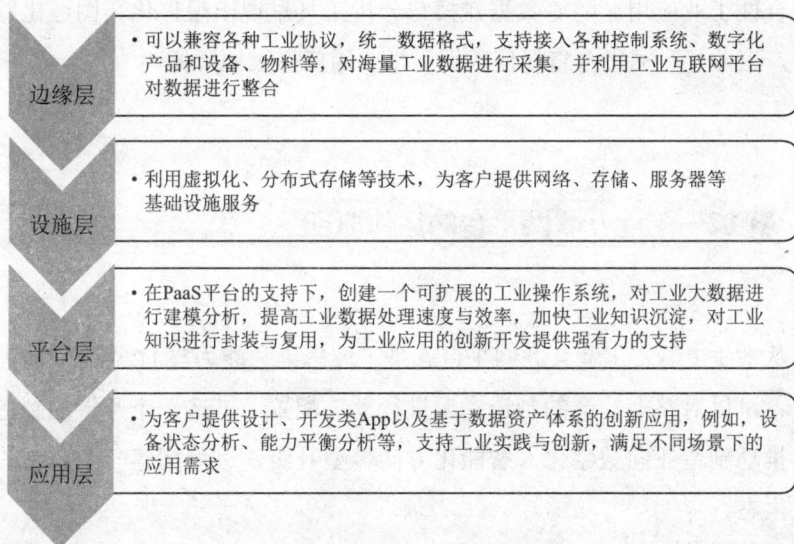

边缘层
· 可以兼容各种工业协议，统一数据格式，支持接入各种控制系统、数字化产品和设备、物料等，对海量工业数据进行采集，并利用工业互联网平台对数据进行整合

设施层
· 利用虚拟化、分布式存储等技术，为客户提供网络、存储、服务器等基础设施服务

平台层
· 在PaaS平台的支持下，创建一个可扩展的工业操作系统，对工业大数据进行建模分析，提高工业数据处理速度与效率，加快工业知识沉淀，对工业知识进行封装与复用，为工业应用的创新开发提供强有力的支持

应用层
· 为客户提供设计、开发类App以及基于数据资产体系的创新应用，例如，设备状态分析、能力平衡分析等，支持工业实践与创新，满足不同场景下的应用需求

图3-1　工业互联网平台的四大层级

◆ **工业互联网的本质：数据+模型=服务**

在工业领域，模型与算法主要分为两种类型，第一类是机理模型，第二类是数据模型。机理模型流行于 20 世纪八九十年代，是针对原理的数学建模，用数据公式对原理进行描述。数据模型指的是数据驱动的模型，涉及机器学习、深度学习、神经网络等多种算法，是以海量数据为基础，通过计算力提升创造的一种数据模型。

数据驱动模型以数据为核心。从物理设备层面来讲，数据主要指从各个渠道获取的设备运行数据。基于海量数据和成熟的数据模型，制造企业可以有效提高良品率，降低库存水平。在数据模型的支持下，制造企业可以利用传感器实时获取生产现场的数据，对数据进行分析，根据分析结果做出科学决策，引导设备自动、精准地执行各种指令；或者通过人工干预的方式让设备精准地执行各种指令，最终实现降本、增效和提质。

为了面向工业场景需求开发出更有针对性的数据分析与应用开发服务，工业互联网平台需要不断积累机理模型和数据模型，对数据做出更精准的分析。同时，工业互联网平台要不断积累业务模型，面向业务需求开发综合性工业应用。随着数据建模与分析工具呈现出组件化、图形化发展趋势，工业互联网平台将促使数据科学应用门槛大幅降低。

● 02　工业互联网平台的运作原理

从本质上看，工业互联网平台就是工业思维和能力与 IT 思维和能力的融合，可以对整个社会的制造资源进行动态配置，打造一个开放的制造体系，推动制造业向数字化、智能化方向转型升级，进而构建一个全新的制造业生态。

在广泛连接的 IT 资源的支持下，随着软件与硬件解耦、应用与平台解耦，IT能力逐渐被封装为软件、模块和平台，实现了高度开放和共享。随着IT能力平台化，制造资源快速实现了数字化、网络化。同时，在数据分析建模的支持下，制造能力逐渐实现了软件化、模块化和平台化，为制造资源、制造能力的动态配置奠定了坚实的基础。

在此形势下，工业互联网平台的诞生成为必然趋势。具体来看，工业互联网平台的运作原理主要包括以下四个方面。

◆ OT（运营技术）与IT（信息技术）融合是基础

一直以来，在企业的信息化建设中，IT服务主要涉及研发设计、经营管理和市场营销等环节，IT服务始终没能在生产环节得到广泛应用。OT与IT是两个相互独立的系统，二者之间始终没有相互融合，也未能触动制造企业的核心价值。

近年来，随着"两化"融合进程不断加快，制造企业纷纷开始数字化转型，并且在业界形成了一个共识："谁掌握制造业底层数据，谁就掌握物联网的未来。"因此，工业互联网平台在发展过程中，首先要推动企业实现全面数字化，尤其要实现底层设备的数字化；进而打通企业上下层数据，推动OT与IT实现融合应用。

◆ 制造能力平台化是关键

想要将工业互联网平台的作用充分发挥出来，制造能力平台化是关键。

首先，要推动制造资源实现数据化、模型化，将人、机、料、法、环等资源要素连接在一起，建立数字世界的虚拟映射。

其次，要对这些数据模型进行加工，形成模块化的制造能力，通过平台化部署与在线交易实现制造能力的共享共用。从本质上看，可以在线交易的制造能力就是可共享的数据模型的堆叠。在未来的信息化智能化时代，谁掌握的数据资源越多，谁就拥有更大的发展潜力与空间。

最后，制造企业要根据市场需求，通过大数据分析实现制造能力的精准对接，对整个社会的制造资源进行动态配置。

◆ **人和机器智能的融合创新是核心**

工业知识与大数据、人工智能技术深度融合，加快知识创新和价值创造的速度与效率，是工业互联网平台核心竞争力的体现。

首先，制造企业要理解并掌握工业原理、特征模型、决策规划等工业知识，利用大数据、人工智能等技术助力技术迭代，让机器实现自学习。

其次，支持平台生态的各个参与主体利用大数据、人工智能等技术对各行业的工业知识进行关联分析，挖掘更多新机会。

最后，通过人机智能融合提升各创新主体对各类工业知识的理解、掌握和运用能力，降低创新门槛和创新成本，鼓励海量用户企业和开发者参与知识创造，颠覆传统的创新体系，全面提高经济发展质量和效率。

◆ **开放合作机制是保障**

对于互联网企业来说，大数据、人工智能等技术应用最大的优势在于可以对消费领域的用户行为进行分析，但对工业知识的认知和理解停留在表面，在处理工业大数据方面存在瓶颈。因为无法对海量数据进行采集分析，导致制造企业无法利用大数据、人工智能等技术加速工业知识创新。在这种情况下，制造企业想要提高自身的竞争力，必须采取开放共赢战略。

首先，各企业打造的工业互联网平台要尽量实现优势互补、强强联合，打通技术壁垒，实现数据共享，开发海量个性化应用，为企业的数字化转型提供支持与助力。

其次，制造企业要创建一套可以实现资源共享与动态协作的价值分享机制，创新商业模式，为平台参与方赋能，提高平台的凝聚力，构建一个开放的、可以实现良性循环的价值生态。

03 工业互联网平台的关键技术

工业互联网技术体系包含三大部分，分别是制造技术、信息技术以及由制造技术与信息技术交织形成的融合性技术。其作用如表 3-1 所示。

表3-1 工业互联网技术体系的三大内容

技术类型	主要功能
制造技术	专业领域技术与知识基础体系形成的基础，是形成工业数字化应用闭环的关键，贯穿了设备、边缘、企业等不同层级的工业互联网系统实施与落地的整个过程
信息技术	以5G、边缘计算为代表，可以直接在工业领域应用，为工业互联网的通信、计算与安全基础设施提供强有力的支撑
融合性技术	以人工智能、数字孪生、区块链为代表，可以用来构建一个符合工业特点的数据采集、处理和分析体系，改变工业知识的积累和使用方式，推动制造技术优化升级，推动信息技术不断地向工业核心环节渗透应用

具体来看，工业互联网平台的关键技术主要包括以下几种，如图 3-2 所示。

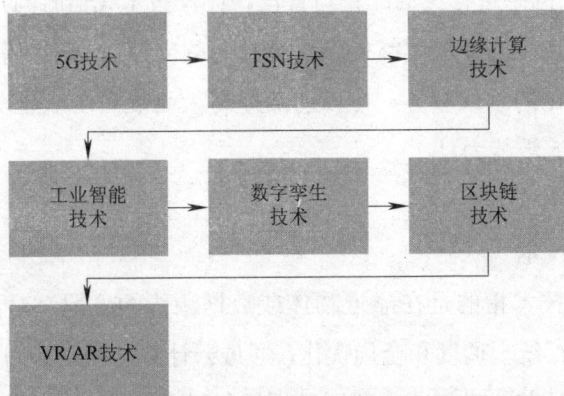

图3-2 工业互联网平台的关键技术

◆ **5G技术**

作为移动通信领域的一项典型技术，5G技术可以凭借大带宽、低延时、高可靠等特点弥补通用网络技术的不足，通过对各项技术进行灵活部署满足工业生产要求，推动工厂内网尽快实现网络化改造与升级。

目前，"5G+工业互联网"的应用范围越来越广，逐渐拓展到航空、矿业、港口、医疗、冶金、汽车、家电、能源、电子、交通等十余个重点行业，初步形成了八个典型的应用场景，分别是5G+超高清视频、5G+AR、5G+VR、5G+无人机、5G+云端机器人、5G+远程控制、5G+机器视觉以及5G+云化自动导引车（AGV）。

◆ **TSN技术**

TSN技术利用以太网物理接口支持工业有线连接，并根据电气和电子工程师协会协议（IEEE 802.1）让以太网数据在各个链路层有序传输。在标准的以太网协议的支持下，TSN技术打破了封闭的协议模式，促使工业设备实现广泛连接，并提高设备之间的互联互通能力。

TSN技术不仅可以将网络传输时延稳定在一个较小的数值，保证网络传输带宽，还支持二层转发，提高互操作性，为IT与OT相互融合、向扁平化网络架构演进产生强有力的推动作用。

TSN的互操作架构建立在SDN体系架构的基础之上，因此，TSN技术可以对设备、网络进行灵活配置与管理。TSN技术凭借时间片调度、抢占、监控、过滤等特征为二层网络提供了强有力的支撑，为不同等级的数据业务流提供差异化的承载服务，可以切实提高工业数据在工业设备和工业云之间的传输与流转能力。

◆ **边缘计算技术**

边缘计算技术指的是在靠近物体或数据源头的位置，对计算、网络、存储等资源进行统一调度和全局优化，通过云计算与网络协同联动打通云、边、网、端等环节，对工业互联网数据进行纵向集成，为工业设备的敏捷连接、数据聚合、应用智能等提供强有力的支持。边缘计算是工业数据接入工业互联网的第一入口，相关基础设施是各类工业应用的重要载体。

◆　**工业智能技术**

工业智能技术是人工智能与工业融合的产物，贯穿了设计、生产、管理、服务等各个环节，不仅可以模仿人的感知、分析和决策等能力，甚至在某些方面超越了人类。工业智能技术涵盖的内容非常丰富，包括专家系统、机器学习、知识图谱、深度学习等，在整个工业系统实现了广泛应用，并催生了数十种细分应用场景。

例如，在工业生产现场，企业对于不需要复杂计算，并且流程、机理都非常清晰的问题，如库存管理、生产成本管理等，可以利用专家系统积累专业知识和经验做出推理与判断，从而解决问题。如果问题比较复杂，但不需要使用大规模的数据和复杂的计算，如设备运行优化、制造工艺优化、质量检测等，企业也可以利用机器学习进行处理，以降低成本，减少故障发生率。

◆　**数字孪生技术**

数字孪生技术指的是通过数字空间对资产、行为、过程等进行精准映射，并通过分析预测形成最佳决策，搭建一个涵盖整个工业流程的闭环系统。数字孪生技术以数据与模型的集成融合为核心，是一种由制造技术、信息技术及融合性技术相互交织形成的新模式，可以覆盖产品的整个生命周期和生产过程。

◆　**区块链技术**

区块链是一种分布式网络数据管理技术，由多种技术凝聚而成。在密码学技术和分布式共识协议的支持下，区块链技术可以为网络传输安全提供强有力的保证，可以利用多种方法维护数据安全，对数据进行交叉验证，防止数据被篡改。

在工业互联网领域，区块链技术的应用可以有效解决高价值制造数据的追溯问题，促进数据共享，对业务流程进行优化，降低运营成本，提高协同效率，搭建一个可信的体系，从而增进数据之间的交流，消除"数据孤岛"，加强企业内部的生产流程管理，保证设备相互连接的安全性。

◆ **VR/AR技术**

VR技术指的是利用计算机、电子信息、仿真技术以及各种现代化的科技手段创造一个虚拟化的环境。该环境涵盖了视觉、听觉、触觉、嗅觉和味觉五大感官，具备自主性、构想性和多感知性等多种能力，可以为用户提供沉浸式体验。

AR技术可以对真实世界和虚拟世界的信息进行整合，满足用户的某种特定的感官体验。从本质上看，AR技术是利用计算机和信息处理技术对现实世界中不存在的目标进行仿真模拟，然后将这些虚拟的信息叠加到现实世界中被用户感知，带给用户一种超越现实的体验感。

对于工业互联网来说，工业互联网技术是推动其发展的关键。但因为工业互联网技术不是一种单一的学科或技术，需要相互连接，形成一个相互关联、各有侧重的工业互联网技术体系。该体系的核心在于将重点技术嵌入工业互联网系统，将整个技术体系的功能充分发挥出来。

● 04 工业互联网平台的进化路径

工业互联网平台不是互联网在工业领域的简单应用，而是创造一个贯穿IT与OT资源融合、能力交易、价值共创全过程的新生态，整个过程涉及制造资源云化改造、制造能力开放共享、人机智能融合创新三大阶段，是一个动态发展的过程，如图3-3所示。

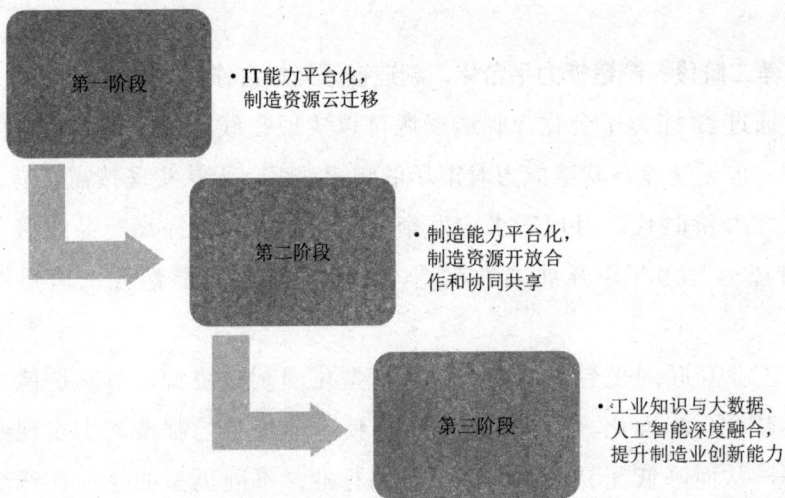

图3-3　工业互联网平台进化的三个阶段

◆　第一阶段：IT能力平台化，制造资源云迁移

与传统的点对点的服务模式不同，IT 能力平台化之后可以在更大范围内推广应用，而且可以对制造业的数字化产生积极的推动作用。工业互联网平台通过创建 IT 软硬件的异构资源池，提高对 IT 软硬件的灵活分配与快速交付能力，创建云基础设施，推动各类工具上云，对业务系统进行云化改造等，从而在最大程度上降低信息化建设成本，推动各类数据资源实现集成共享。

随着云应用的推广应用，企业的综合效益大幅提升，开始加快设备设施、生产过程、经营管理、售后服务等环节的数字化、网络化进程，对从各个渠道获取的数据资源进行优化整合，推动制造资源接入云平台，从而打破集成应用的瓶颈，发展远程运维等服务。

例如，GE 利用 Predix 平台为客户提供电力、医疗、航空等行业设备的远程运维服务，尽可能地降低设备的非故障停机率，提高设备的运行效率，降低设备的维护成本，同时，推动企业快速从产品供应商向服务供应商转型发展。

◆ **第二阶段：制造能力平台化，制造资源开放合作和协同共享**

通过 IT 能力平台化，制造资源可以实现在线汇聚，在线完成信息匹配，但无法提高制造能力对市场的响应速度，无法实现按需交易。而在数字经济时代，用户需求愈发个性化，要求企业提高产品或服务的交付能力与水平，开展柔性制造，IT 能力平台化显然无法满足这一需求。

工业互联网平台利用数字化、模型化的制造资源，对制造能力进行模块化、标准化、平台化封装，促使企业优秀的制造能力实现开放共享，从而降低交易成本，满足不同行业、不同类型的企业在线交易制造能力的需求；促使制造企业的制造能力在整个社会范围内共享，从而弥补企业、行业、区域间制造能力的不足；促使制造能力实现动态配置，以切实提高制造资源的利用效率，推动制造行业实现高质量发展。

例如，海尔 COSMOPlat 平台以 300 万生态资源和上亿名用户为依托，通过互联工厂模式共享制造能力，打通供应链上相关企业的生产流程，为用户提供智能家电全流程大规模定制服务，满足新时期大规模定制的生产需求。

◆ **第三阶段：工业知识与大数据、人工智能深度融合，提升制造业创新能力**

工业互联网平台的价值有很多，构建开放的价值生态，不断扩大知识创造的范围，为制造业发展注入源源不断的动力是一项核心价值。工业互联网平台不仅实现了 IT 能力平台化，而且实现了制造能力平台化，可以将自己最佳的资源与能力对外共享，为协同研发创新活动提供强有力的支持，从而降低创新门槛，提高整个行业的创新能力与效率，创建一个平台化的创新创业资源池，实现价值生态的共创共赢。

工业互联网平台可以利用开放的价值生态，创建一个完善的价值分享机制，促使平台、合作企业、开发者、用户开放合作，满足消费者越来越多的个性化需求，不断壮大平台生态，搭建一个新型制造业创新体系，推动整个产业链以及价值网络创新。

例如，小米利用 MIUI 操作系统构建开放生态，汇聚了 3 亿多用户、12 万多的开发者，孵化出 90 多家公司。早在 2017 年，小米生态链的营收就突破了 1 000 亿元，形成了一个以创新为核心的产业平台生态。

目前，从全球范围来看，工业互联网平台的建设与发展刚刚起步，还没有形成成熟的发展模型和路径。在此阶段，企业搭建工业互联网平台要立足于自身的实际情况，尤其是企业特有的竞争优势，面向特定领域与场景的共性需求或者薄弱环节，精耕细作，不要一味地追求大而全，要追求工业互联网平台实际效能的发挥，面向中小企业开发应用；通过应用开发推动平台快速迭代，实现商业模式创新，不断扩大平台的应用范围。

05 工业互联网平台的应用场景

如果我们立足于发展背景对工业互联网进行审视，可以发现，工业互联网平台是工业云平台的延伸，是在传统云平台的基础上叠加一系列新兴信息技术的产物，包括物联网、大数据、人工智能等，可以构建一个准确度更高、效率更高的数据采集体系，搭建一个涵盖了存储、集成、访问、分析、管理等功能在内的平台，将工业技术、经验、知识转化为可以重复使用的模型与软件，最终构建一个可以实现资源整合、多方参与、合作共赢、协同演进的制造业生态。

工业互联网平台的应用主要有以下四大场景，如图 3-4 所示。

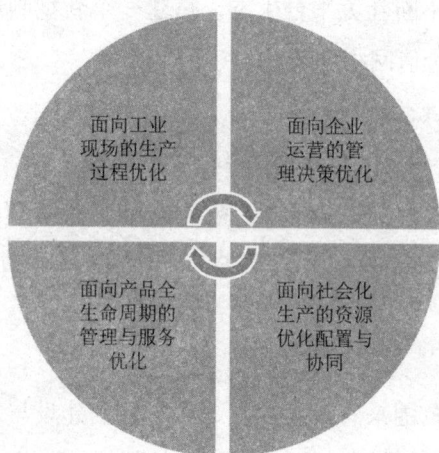

图3-4 工业互联网平台的四大应用场景

◆ **面向工业现场的生产过程优化**

工业互联网平台能够对生产现场的数据进行采集、分析，包括设备运行数据、工业参数、质量检测数据、物料配送数据和进度管理数据等，根据数据分析结果对制造工艺、生产流程、质量管理、设备维护和能耗管理等环节进行优化。

工业互联网平台面向工业现场的生产过程优化主要包括以下五大场景，如表 3-2 所示。

表3-2 面向工业现场的生产过程优化的五大场景

应用场景	具体应用
制造工艺	工业互联网平台可以对工艺参数、设备运行等数据进行综合分析，找到最优的生产参数，提高产品生产质量
生产流程	工业互联网平台可以对生产进度、物料管理、企业管理等数据进行分析，优化对排产、进度、物料、人员等环节的管理

续上表

应用场景	具体应用
质量管理	工业互联网平台可以对产品检验数据以及"人、机、料、法、环"等过程数据进行关联性分析，对产品质量进行实时检测，及时发现异常情况，降低产品的不合格率
设备维护	工业互联网平台通过设备历史数据与实时运行数据的对比分析，可以构建数字孪生，对设备的运行状态进行实时监控，提前做好设备维护
能耗管理	工业互联网平台可以通过对现场能耗数据进行分析，对设备、产线、场景的能效使用情况进行合理规划，提高资源利用率，降低生产过程的能源消耗

◆　**面向企业运营的管理决策优化**

工业互联网平台可以对生产现场数据、企业管理数据和供应链数据进行整合，提高决策效率与决策的正确率，打造一个精准、透明、高效的企业管理流程。

具体来看，工业互联网平台面向企业运营的管理决策优化有以下三大应用场景，如表 3-3 所示。

表3-3　面向企业运营管理决策优化的三大应用场景

应用场景	具体应用
供应链管理	工业互联网平台可以对生产现场的物料使用情况进行实时跟踪查看，结合物料的库存情况安排补货或配货，尽量降低物料的库存数量以及库存成本
生产管控一体化	工业互联网平台可以实现业务管理系统和生产执行系统集成，对企业管理与现场生产过程进行协同优化
企业决策管理	工业互联网平台可以全面感知企业数据，对企业数据进行综合分析，为企业智能化决策的实现提供强有力的支持

◆ 面向社会化生产的资源优化配置与协同

在工业互联网平台的作用下，企业与用户需求、创新资源、生产能力可以实现全方位对接，促使设计、制造、供应、服务等环节实现协同优化。

工业互联网平台面向社会化生产的资源优化配置与协同有以下三大应用场景，如表 3-4 所示。

表3-4　面向社会化生产资源优化配置与协同的三大应用场景

应用场景	具体应用
协同制造	工业互联网平台通过对设计企业、生产企业及供应链企业的业务系统进行整合，可以让设计与生产过程并行推进，从而缩短产品的生产周期，以降低生产成本
制造能力交易	工业互联网平台可以助力工业企业将空闲的制造能力对外租售，以获取更多利益
个性化定制	工业互联网平台可以增进企业与用户的沟通和交流，帮助企业面向用户的个性化需求形成定制的生产方案，带给用户更优质的生产体验，从而提高产品价值，增强用户黏性

◆ 面向产品全生命周期的管理与服务优化

工业互联网平台可以汇聚产品设计、生产、运行和服务等各个阶段产生的数据，在满足产品全生命周期可追溯的基础上，在设计环节实现制造预测，在使用环节实现健康管理，并通过获得的反馈数据对产品设计环节进行改进。

工业互联网平台面向产品全生命周期的管理与服务优化有以下三大应用场景，如表 3-5 所示。

表3-5　向产品全生命周期管理与服务优化的三大应用场景

应用场景	具体应用
产品溯源	工业互联网平台可以利用标识技术将产品生产、物流、服务等环节的信息记录下来，形成产品档案，为产品的全生命周期管理提供强有力的支持
产品远程预测性维护	工业互联网平台可以将产品的实时运行数据与设计数据、制造数据、历史维护数据相结合，在设备故障发生之前及时预警，对设备进行远程维护与管理
产品设计反馈优化	工业互联网平台可以用产品运行及用户行为数据对产品设计和制造过程进行指导，从而不断地调整产品设计方案，加速产品创新

第4章　工业App：软件定义的数字工业时代

◉ 01　工业 App 重新定义工业互联网

工业互联网实现了 5G、大数据、人工智能等新一代信息技术与制造业的深度融合，将在新一轮工业革命中发挥关键作用，为互联网与先进制造业的融合奠定强有力的基础，从多个方面对我国工业的发展产生深刻影响。目前，我国工业互联网的发展刚刚起步，未来的发展前景异常广阔。

在工业互联网 App 领域，该市场发展态势良好，但总体水平与发达国家仍存在很大差距。工业互联网平台和工业互联网 App 是工业互联网生态的重要组成部分，工业互联网 App 的发展将推动工业互联网发展，最终对工业互联网生态的形成产生积极影响。

◆ 工业App的定义与特点

在长时间的发展过程中，传统行业积累了丰富的知识、经验和技术，将这些知识、经验和技术以网络化、轻量化、标准化、模块化的方式封装起来变成新的技术模式，就是工业 App。

根据目前通用的定义，工业 App 指的是以互联网为依托，承载了工业知识和经验，可以满足特定需求的工业应用软件。工业 App 的主要特点主要包括以下几个方面，如图 4-1 所示。

（1）工业 App 与传统工业软件的区别。传统工业软件的架构比较庞大，系统比较封闭，业务流程比较复杂，各模块之间的联系比较紧密，无法实现有效协同。工业 App 属于轻量级应用，各模块之间可以自由解耦，实现按需定制，满足一些个性化需求。

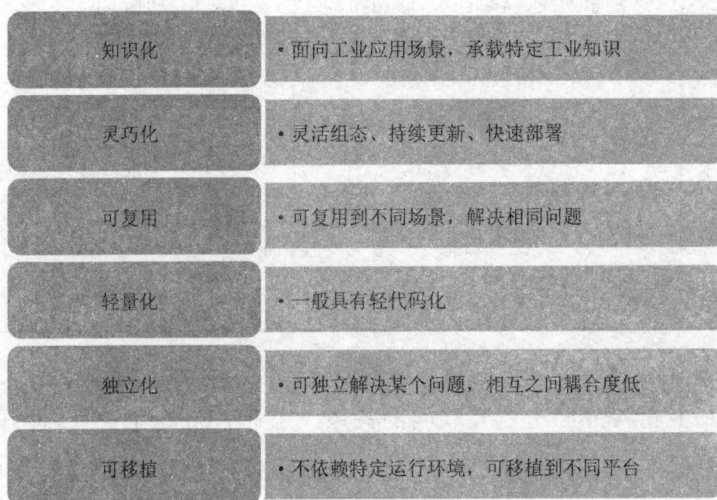

知识化	·面向工业应用场景，承载特定工业知识
灵巧化	·灵活组态、持续更新、快速部署
可复用	·可复用到不同场景，解决相同问题
轻量化	·一般具有轻代码化
独立化	·可独立解决某个问题，相互之间耦合度低
可移植	·不依赖特定运行环境，可移植到不同平台

图4-1 工业App的六大特征

（2）工业 App 与消费级 App 的区别。消费级 App 的运行需要移动终端提供辅助，虽然功能比较单一，但具有很强的通用性，可以切实提高生活效率。工业 App 的运行需要以工业互联网平台以及各类工业终端为依托，功能比较多元，具有较强的专业性，可以切实提高生产效率。另外，工业 App 在时效性、可靠性、安全性等方面的表现都优于消费级 App。工业 App 与消费 App 的区别主要表现在以下几个方面，如表 4-1 所示。

表4-1 工业App与消费App的区别

项目	消费App	工业App
连接对象	人、开放网络	人机物、封闭网络
运行载体	移动智能终端	各类工业终端、工业与互联网平台
产品效应	提高生活效率	提高生产效率

续上表

项目	消费App	工业App
功能要求	通用性强，功能相对单一	专用性强，功能相对复杂
性能要求	注重便捷、轻负载、低功耗、信息安全	注重及时、可靠、稳定、功能安排
开发主体	以软件开发人员为主	以工程技术人员为主
使用主体	以个人用户为主	以企业用户为主
核心技术	软件开发技术	软件开发技术、技术建模技术
发展现状	我国拥有500万+，商业模式较为成熟	我国拥有30万+，商业模式正处在探索阶段
市场规模	App annie：2021年可达6.3万亿元	GE：2021年将突破2 000亿元

（3）工业 App 和工业互联网的关系。工业 App 与工业互联网的关系如同应用程序与操作系统的关系。工业互联网为工业 App 的运行提供了必要的支持，包括接口、开发组建、工具、存储计算等；工业 App 则为工业互联网的落地应用提供了强有力的支撑，体现了工业互联网的价值。

◆ **重新定义工业互联网的价值**

工业互联网平台面向制造业数字化、智能化、网络化发展需求，以大规模数据采集与处理为基础构建服务体系，将多元化的资源连接在一起，实现弹性供给与高效配置。在运转效率极高的设备集成模块与功能强大的数据处理引擎的作用下，互联网平台支持接入海量工业装备、产品、仪器和系统，为用户提供丰富的数据资源，形成开放的软件开发环境、微服务组件以及开发工具，满足用户定制化的软件开发需求。

只有借助工业 App，工业互联网平台才能实现价值、提升价值。工业 App 面向特定的工业应用场景，将工业互联网平台与用户连接在一起，推动工业技术、知识和经验实现软件化、模型化，支持用户对各类资源和生产过程进行优化，做出科学的管理决策，做好产品全生命周期管理。从某种程度上说，在工业互联网平台健康可持续发展的过程中，工业 App 发挥着重要作用。

工业 App 的价值可以从商业和技术两个层面来探讨。

（1）在商业层面，工业 App 通过创新商业模式将虚拟的才能、智慧、创意转化为实实在在的市场效益，可以促使价值创造实现最大化，减轻工程技术人员的工作负担，让其不必在重复性的工作上投入过多时间与精力，充分释放其创造力。

（2）在技术层面，工业 App 可以将企业潜藏的技术、知识和经验挖掘出来，沉淀更多有价值的工业知识、技术和经验，并让其实现流通共享，为软件、大数据等新技术在工业领域的集成应用产生积极的促进作用，促使软件产业与工业行业深度融合，不断拓展软件产业的应用空间，为软件产业的爆发式增长奠定良好的基础。

在以 5G、AI 等为代表的新一代信息技术的支持下，制造业数字化、网络化、智能化转型的速度越来越快，呈现出五大特征，分别是软件定义、数据驱动、平台支撑、服务增值、智能主导。在向数字化、智能化、网络化方向转型发展的过程中，原本隐藏在工业特定领域、特定需求、特定环节的工业技术、知识和经验，通过工业 App 的形式呈现出来，以全新的架构为工业服务。因此，从这个方面看，工业 App 就是工业技术软件化的产物。

◉ 02 全面释放工业大数据的价值

在企业研发设计、生产、产品需求预测、工业供应链优化和工业绿色发展等各个环节，工业大数据有着广泛应用。工业大数据收集、挖掘与分析离不开工业 App 的支持。作为一种重要的工业软件，工业 App 可以为制造业创建一个贯穿信息空间和物理空间的闭环赋能体系，具体表现在以下几个方面。

◆ **面向设计领域的工业App**

在研发设计领域，工业 App 可以提高研发人员的创新能力，提高研发质量和研发效率，为协同设计提供强有力的支持，具体表现在以下几个方面，如图 4-2 所示。

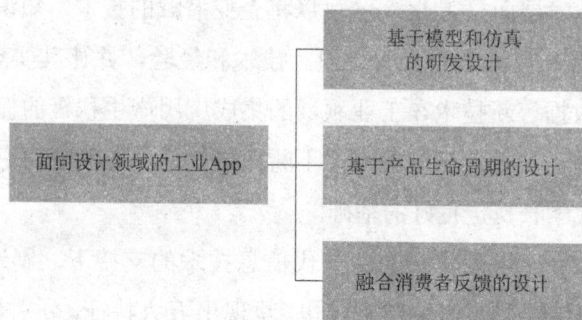

图4-2　面向设计领域的工业App的三大应用场景

（1）基于模型和仿真的研发设计。

基于模型的研发设计。在数字化生产环境下，产品设计与研发从概念设计阶段就以数字化模型为载体，打破了模型修改的时空限制，可以随时随地对模型进行修改，然后利用生产设备，根据最终方案的相关数据完成模型制作。

基于仿真的设计。基于数字化模型的显示、仿真、快速成型、虚拟现实交互等功能，设计人员可以在最短的时间内发现产品设计缺陷，对产品进行优化、改进。在虚拟仿真技术的支持下，系统智能化水平可以快速提升，产品创新设计过程中的不确定性、模糊性等问题得以快速解决。

（2）基于产品生命周期的设计。

在大数据技术的支持下，企业可以将产品在整个生命周期内产生的大数据有序地展示出来，将员工在设计过程中产生的新思维、新知识进行整合，进一步丰富产品设计环节的大数据。

（3）融合消费者反馈的设计。

以工业数据平台为基础，企业可以获取消费者、市场等各个维度的数据，促使生产者与消费者的信息实现高度集成，然后利用大数据技术对这些数据进行充分挖掘，全面了解消费者需求，并对产品设计进行改进、创新。

◆　面向生产制造的工业App

面向生产制造的工业 App 有三大应用场景，如图 4-3 所示。

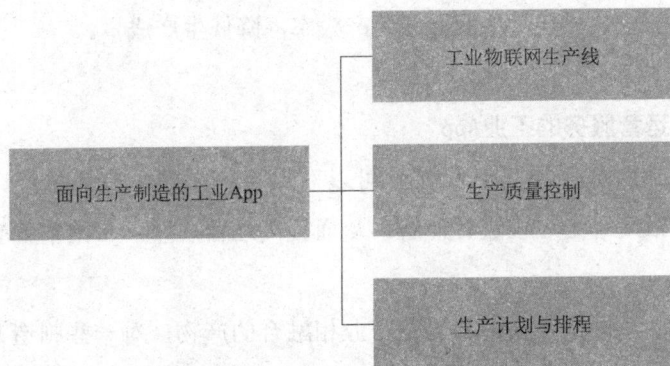

图4-3　面向生产制造的工业App的三大应用场景

（1）工业物联网生产线。工业大数据应用于生产过程，可以对整个生产流程进行分析，指导制造企业对生产流程、生产工艺进行优化、改进。另外，工业 App 还可以用于能耗分析，利用传感器对所有生产流程进行监控，对能源消耗进行优化、改进。

（2）生产质量控制。在生产质量控制领域，制造企业可以利用工业大数据对产品质量与关键工艺参数之间的关系进行深度挖掘，从中提取有利于做好质量控制的信息，为在线工序质量控制、工艺优化提供科学指导。

（3）生产计划与排程。工业 App 可以为企业提供更详细的数据，及时发现预测值与实际数值之间的偏差，通过对数据进行关联分析，帮助制造企业制定更准确、更科学、更合理的生产计划。

◆ **面向需求预测的工业App**

工业 App 用于产品开发，可以对当前的需求变化进行科学分析，根据消费者需求对产品功能和性能进行调整，设计生产出更符合消费者需求的产品，并面向消费者开展精准营销。

◆ **面向供应链的工业App**

在供应链环节，工业 App 可以用来优化供应链，也就是通过整合整条产业链上的数据信息，促使整个生产系统实现协同优化，促使各个生产过程变得更加高效灵活，从而提高生产效率，降低生产成本。

◆ **面向运营服务的工业App**

在运营服务领域，工业 App 可以对原材料采购、产品生产、仓储运输、维修报废等全过程进行监管，从而提高运营质量，带给消费者更优质的服务。

工业大数据是互联网与工业产业相融合的产物，对一些制造方面的国家战略落地发挥着重要的支撑作用。工业 App 是在工业互联网的基础上，将工业知识和经验转化为可应用的技术软件的重要成果，可以将工业大数据的价值以具象化的形式呈现出来，支持制造企业利用大数据挖掘创造新价值，实现制造业服务化的转型，颠覆传统的商业模式，实现转型发展。

◉03 我国工业 App 的发展现状与问题

根据前瞻产业研究院发布的数据，2020 年，中国工业软件市场规模已达 1 720 亿元，占全球比例约为 6%。鉴于我国制造业增加值在全球占比超过 28%，我国工业软件市场存在约 5 倍的增长空间。在相关战略的主导下，我国工业企业将加快转型升级步伐，全面推进工业化与信息化的高度融合。

◆ **我国工业App的发展现状**

国内企业不仅注重工业 App 的开发,还非常注重工业互联网平台建设,在这两大领域投入了很多资源,取得了不错的成绩。

(1)在先进制造企业。航天云网开发了 INDICS 平台,接入 930 034 台设备,推出 40 多个工业 App,这些工业 App 横跨 14 个行业。海尔推出 COSMOPlat 平台,并以该平台为基础开发了 34 个工业 App。富士康推出 BEACON 平台,对联网技术、数据分析、云端存储及工业 App 进行整合,满足客户对新型电子产品和科技服务的需求。石化盈科推出 ProMACE,创造了一个可拓展的工业 App 开发环境,并支持第三方应用接入。

(2)在装备与自动化企业行列。三一重工推出"三一根云"平台,可以为用户提供定制化、可靠性比较高、可拓展性比较强的工业 App 或解决方案。徐州工程机械打造汉云工业互联网平台 Xrea,可以为用户提供工业 App、微服务、智能硬件以及工业大数据应用等。

(3)在信息技术企业行列。华为推出 FusionPlant,被誉为"最懂企业的工业互联网解决方案平台",可以为制造企业提供智能化的边缘层、泛在网络、可信 IaaS、工业 PaaS,以及工业 App 生态系统。浪潮推出 M81 工业互联网平台,推动了工业 App 创新生态圈的发展。用友推出"精智"工业互联网平台,在该平台的基础上推出了大量工业 App。这些 App 横跨了数十个行业及领域,并创建了第三方开发者社区与工业 App 交易市场,同样对工业 App 生态圈的形成产生了积极的推动作用。东方国信推出 Cloudiip,支持工业企业接入大规模数据,并开发了功能强大的工业 PaaS 平台,为用户提供 UI 框架、开发框架等开发工具。

(4)在互联网企业行列。阿里巴巴致力于打造云端一体化服务能力,推出 supET 平台,基于该平台运营工业 App,为工业企业提供工业 App 托管、集成、运维等一体化服务。

◆ **我国工业App存在的问题**

我国工业 App 发展面临着三大问题,如图 4-4 所示。

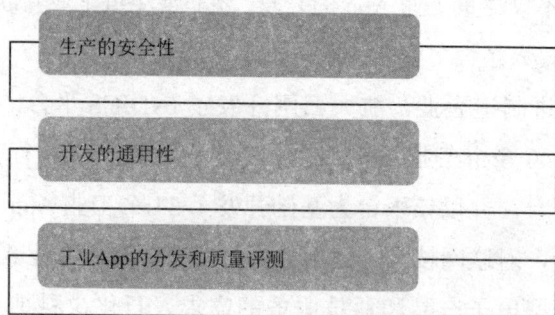

图4-4　工业App发展面临的三大问题

（1）生产的安全性。目前，很多工业互联网平台都缺乏安全性设计规范，遇到异常情况无法科学应对。工业互联网App要用于工业生产，如果在应用过程中出现错误，很可能给企业带来无法估量的损失。在国内外的应用实践中，因为软件安全问题使企业蒙受巨额损失的事件层出不穷，甚至有些事件还造成了人员伤亡，典型案例有2019年埃塞俄比亚航空公司波音737MAX8坠机事故。该事故的直接诱因就是工业互联网App发生异常导致安全系统的功能出现异常。

（2）开发的通用性。目前，工业互联网App开发没有统一的标准，也没有统一的平台和框架。各企业都是基于自己的工业互联网平台开发的工业App，导致工业App无法通用，而且可移植性比较差，代码的可复用性也比较低。

（3）工业App的分发和质量评测。工业App没有统一的分发渠道，只能在一个较为封闭的环境中发布使用，在很大程度上限制了工业App的应用范围。同时，因为工业App行业没有统一的质量评价标准，导致工业App的质量测评缺乏有效的依据。由于不同的行业有不同的标准，因此，需要行业对工业App进行划分，在各个行业形成统一的质量评测标准。

● 04　工业 App 的发展模式与未来趋势

目前，我国工业 App 开发与建设刚刚起步，正处在探索阶段，发展模式尚不成熟，尚未形成统一的体系。但基于我国齐全的工业门类，制造业雄厚的基础、庞大的规模，在数字化、智能化、信息化转型过程中积累的海量数据和知识，我国工业 App 产业的发展有一个很好的开端。同时，随着我国软件产业的综合实力不断提升，云计算、大数据、人工智能等技术的发展速度越来越快，消费 App 的技术模式、商业模式逐渐成熟，将对工业 App 的发展产生重要指导。

◆　工业App的三种发展模式

工业 App 的开发者不同，所选择的发展模式也不同。从目前的行业发展形势看，工业 App 的发展模式主要有三种，如图 4-5 所示。

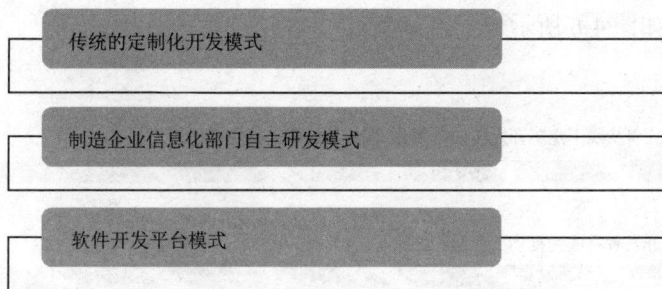

传统的定制化开发模式

制造企业信息化部门自主研发模式

软件开发平台模式

图4-5　工业App的三种发展模式

（1）传统的定制化开发模式。制造企业将软件开发业务外包出去，以满足自身的信息化需求；软件企业通过向制造企业派遣软件开发人员，实现工业软件的定制化开发。这种模式最大的优点在于使用简单，可以将软件企业与制造企业绑定在一起。制造企业可以获得所需的软件产品，用它来提高生产水平与效率；软件企业可以获得相应的报酬，积累工业软件开发知识和经验，为业务拓展、产品复用奠定良好的基础。这种模式的缺点在于效率较低，在未来的发展中将被其他模式代替。

（2）制造企业信息化部门自主研发模式。制造企业为了寻找新的利润增长点，满足用户多元化的消费需求，提高市场投放效率，提高产品质量，带给用户更优质的体验，开始转变发展模式，向个性化定制、网络化协同、智能化生产、服务型制造等方向转变。在这个过程中，一些实力雄厚的企业会自行组建信息化部门，自主研发工业 App，在实际应用的过程中解决一些问题，并将软件产品推向市场，为通用领域提供增值服务。

（3）软件开发平台模式。信息化与软件科技企业会对软件知识和技术进行封装，创建软件开发支撑平台，用来解决软件定制化开发过程中遇到的开发难度大、代码不规范、一些功能反复开发等问题，降低工业 App 开发门槛儿，支持制造企业自主开发工业 App，逐渐消除技术与业务之间的鸿沟。

◆ **工业App的四大发展趋势**

在未来很长时间，新型架构的工业 App 将与传统架构的工业软件并存。从发展基础、发展主体、发展模式来看，工业 App 的发展将呈现出以下四大趋势，如图 4-6 所示。

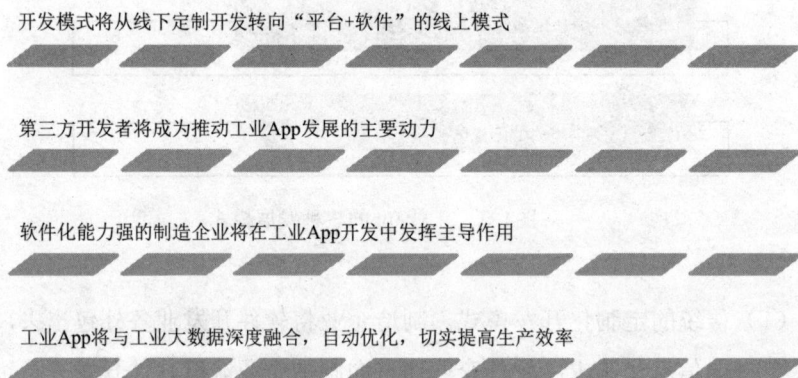

开发模式将从线下定制开发转向"平台+软件"的线上模式

第三方开发者将成为推动工业App发展的主要动力

软件化能力强的制造企业将在工业App开发中发挥主导作用

工业App将与工业大数据深度融合，自动优化，切实提高生产效率

图4-6　工业App的四大发展趋势

（1）开发模式将从线下定制开发转向"平台＋软件"的线上模式。随

着工业互联网平台、智能制造云服务平台、软件开发平台的推广应用，在软件产品开发领域，"平台＋软件"的线上模式将渐趋流行，取代传统的线下定制开发模式。

（2）第三方开发者将成为推动工业 App 发展的主要动力。随着软件开发平台、工业互联网平台微服务框架的不断推广，工业 App 开发门槛儿将不断下降，为第三方开发者参与工业 App 开发提供了诸多便利。在这种模式下，软件开发模式将变得更加开放，软件开发者这一角色也将变得更加多元。

（3）软件化能力强的制造企业将在工业 App 开发中发挥主导作用。在制造企业信息化、智能化转型的背景下，有些制造企业开始利用积累的制造知识、技术和经验培育信息化团队，提高企业的软件研发能力，自主开发工业 App，将积累的制造技术、知识和经验软件化，在生产过程中落地应用，成为工业 App 产业发展过程中的中坚力量。

（4）随着大数据技术不断发展，工业大数据不断积累、深入挖掘。工业 App 将与工业大数据深度融合，自动优化，切实提高生产效率。同时，随着人工智能的不断发展，机器会更准确地理解不同的工业行为，将其封装成工业微内核服务，让工业 App 具备智能化能力，从而实现智能化生产。

我国工业 App 市场前景广阔。我国工业应用场景比较多，对工业 App 业务表现出较大的需求。随着越来越多的制造企业加入转型升级行列，制造行业涌现出很多新模式、新业态，为工业 App 的发展提供了广阔的空间。目前，工业 App 已经在一些重大工程领域和高端领域实现了初步应用。

国内各企业纷纷在工业 App 领域布局。在我国，很多工业互联网平台领域的领军企业都自主开发了工业 App。传统软件企业、自动化企业也都基于自身的软件技术优势，致力于工业 App 的开发。未来，在工业 App 领域布局的企业会越来越多，会逐渐形成多元化的市场格局。

从总体来看，我国工业 App 的发展在政策的推动下，在行业需求的拉动下已经有了一个良好的开端，但还没有形成成熟的生态格局。接下来，国内工业 App 产业要充分发挥我国工业门类齐全、工业规模庞大的优势，对各方资源和力量进行整合，将平台提供商、应用开发者、海量用户整合在一起，形成一个成熟的生态体系。

2

|第二部分|

未来工厂篇

　　未来工厂是广泛应用数字孪生、人工智能、大数据等新一代信息技术革新生产方式，以数据驱动生产流程再造，以数字化设计、智能化生产、数字化管理为基础，以网络化协同、个性化定制、服务化延伸为特征，以企业价值链和核心竞争力提升为目标，以数字化车间、智能工厂等为主体，引领新智造发展的现代化工厂。

第5章　智能化生产：赋能工业数字化转型

● 01　智能化生产的三大特征

智能化生产不是单纯地利用智能化设备提高生产效率与产品质量，而是综合利用各种机器设备，优化生产工艺，提高企业的整体生产效率。智能化生产具备三大特征，如图 5-1 所示。

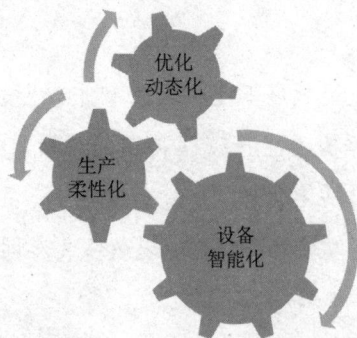

图5-1　智能化生产的三大特征

◆　**设备智能化**

企业传统的信息化架构是五级架构，分别是机器、PLC（Programmable Logic Controller，可编辑逻辑控制器）/DCS（Distributed Control System，集散控制系统）、SCADA（Supervisory Control And Data Acquisition）系统，数据采集与监视控制系统、MES（Manufacturing Execution System，制造

执行系统）、ERP（Enterprise Resource Planning，企业资源计划）/MRP（Manufacturing Resource Planning，制造资源计划）。这五级架构主要用来解决工业生产自动化问题，无法对设备的运行状态进行实时分析，也无法做出实时反馈。

工业互联网平台架构是四级架构，分别是边缘层、IaaS 层、PaaS 层、SaaS 层，其中，机器设备可以调用工业机理模型，对设备运行状态进行实时分析，推动传统工业物联技术从边缘控制向边缘计算的方向发展演进。

◆ 生产柔性化

传统的自动化生产遵循的是"专线专用"的原则，适用于少量品类产品的大规模生产。对多品类、小批量订单来说，传统自动化生产线的生产周期较长，而且具体时间不太确定。

工业互联网可以实现全面感知与动态交互，通过在生产线上安装传感器，对各个生产线上的加工配件进行自动识别，将数据传输到工业互联网的各个节点，利用工业机理模型确定各个产品的生产路径以及生产顺序，再结合调度策略实现混线生产，提高整条生产线的敏捷程度，满足多品类、小批量生产要求。

◆ 优化动态化

在传统生产模式下，工业生产优化指的是企业对上个生产周期的运转情况进行分析，生成优化方案，对下个生产周期的生产活动调整做出指导。

离散工业的优化周期一般以周、天为单位计算，流程工业的优化周期以批次为单位计算。工业互联网平台通过将人、机、料、法、环等生产要素连接在一起，打通全流程数据，可以将生产过程实时反映出来，通过调用工业机理模型对工业生产情况进行实时分析，对生产过程进行实时调整，促使生产过程实现动态优化与调整。

◉ 02　智能化生产的典型应用场景

随着越来越多的制造企业接受智能化生产，这种生产模式的应用范围越来越广，产生了三个典型的应用场景，如图5-2所示。

图5-2　智能化生产的三大典型应用场景

◆ **智能设备**

（1）工业互联网平台可以对温度、电压、电流、震动等数据进行采集，对设备运行状态进行实时监测。

（2）工业互联网平台可以利用大数据分析技术，对设备的工作日志、历史故障、运行轨迹、实时位置等数据进行分析，利用知识库和自学习机制创建设备故障智能诊断模型，对设备故障发生位置进行精准定位，对设备故障做出准确判断。

（3）工业互联网平台可以用来对设备进行预测性维护，对设备关键部件的变化、产品寿命以及潜在风险进行预测，对设备零部件损坏时间进行预判，并做好维护。

富士康利用BEACON工业互联网平台对精密刀具的使用状态进行实时监测，并采集相关数据，在智能调机深度学习算法的支持下让精密刀具实现了自感知、自诊断、自修复、自优化、自适应，使刀具的使用寿命延长了 10%，使用成本降低了 15%，刀具损坏预测的准确率达到了 93%，产品良率提升幅度超过 90%，稼动率提升幅度超过 99.5%。

徐工集团利用汉云工业互联网平台对每一台设备进行数字画像，对可能出现问题的零部件进行预判，提前更换，使设备的故障发生率降低了 50%。

发那科 AI 热位移校正线切割机床可以对设备运行期间的环境温度或设备发热情况进行监测，利用机器学习技术自动分析在运行过程中因温度变化引起的热位移，将加工精度提升了近 40%。

阿里云利用飞象工业互联网平台，结合人工智能技术开发了压铸设备图像检测系统，提高残次品的检出率，缩短设备因故障停机时间，最终帮助企业节省了 15% 的人力成本，产品质量提高了 5%。

◆　智能产线

在工业互联网平台的支持下，离散行业企业可以打通基于 CAD/CAE/CAM/PDM 的产品设计环节和基于 DCS/MES 的生产制造环节，让数据在工业设备监控操作层和生产运营管控层之间自由流动，让产品设计环节与制造环节相互协同，对生产管理过程进行优化，做好设备的健康管理，提高企业生产制造全过程的精准化程度，实现柔性化生产。

在工业互联网平台的支持下，流程行业企业可以在开展生产活动之前，利用数字孪生技术对原材料配比和工艺流程进行模拟仿真，对原材料配比进行优化。在生产过程中，流程行业企业可以借助过程控制和制造执行系统对设备运行状态进行监测，对设备故障进行诊断，在故障发生前预警，提高良品率，做好节能减排，实现集约化、绿色化生产。

惠普公司利用西门子 Xcelerator 对产品设计、生产等环节产生的数据进行分析，利用数字孪生技术对产品和产品性能进行仿真模拟，形成决策闭环，对产品设计、生产过程进行优化，最终使产品研发速度提升了 75%，部件成本下降了 34%。

在工业互联网平台以及 5G、射频、VR 等技术的支持下，商飞公司构建了一个基于数据驱动的生产要素（包括产品、设备、人员、物流等）管控体系，可以对产品的生产环境和生产状态进行全面跟踪，对生产过程进行智能化管理，将零配件的定位误差缩小到 3 厘米以内，最终使运营成本下降了 20%，生产效率提高了 20%。

阿里云智能工业大脑与恒逸石化构建锅炉 AI 控制平台相结合，通过深入挖掘锅炉燃烧的历史数据，对锅炉燃烧参数进行优化，最终将燃煤发电效率提高了 2.6%，每年的燃料成本节省了 8 000 万元。

◆ **智能服务**

在智能服务领域，工业互联网平台有四大功能，如图 5-3 所示。

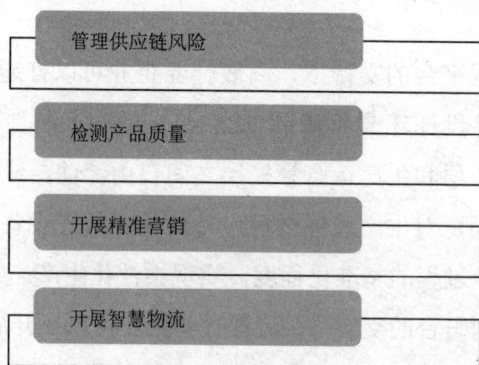

管理供应链风险

检测产品质量

开展精准营销

开展智慧物流

图5-3　工业互联网平台的四大功能

（1）工业互联网平台可以用来管理供应链风险。制造企业可以利用知识图谱技术对影响供应链运行的各种要素进行分析，对供应链管理风险进行识别和预判，自动生成规避风险的建议，辅助管理人员做出科学决策，以提高供应链运行的稳定性。

（2）工业互联网平台可以用来检测产品质量。制造企业可以利用机器视觉和深度学习技术构建图像识别模型，并利用海量图片对模型进行训练，不断提高模型的识别能力，提高检测质量与效率。

（3）工业互联网平台可以用来开展精准营销。制造企业可以利用大数据绘制精准的客户画像，对客户需求、行为偏好、渠道偏好等做出充分了解，将产品直接推送给目标客户，为客户提供差异化服务，带给客户极致的体验。

（4）工业互联网平台可以用来开展智慧物流。制造企业可以利用深度学习和全局最优化技术，对物流运输网络、仓储布局、运力排程、动态调度、道位排程等进行动态调整，使运力资源得以优化配置，最终提高物流运输效率，降低物流运输成本。

日本 Macnica.ai 公司与 VAIO 合作构建供应链知识图谱，并借助企业语义网对供应链风险进行管理，优化零部件选型，使供应链风险管理水平得以大幅提升。

华星光电利用腾讯云以及深度学习、缺陷分类和知识图谱技术构建面板检测模型，并利用实际生产过程中积累的数据对模型进行优化，最终使缺陷识别速度提高了 10 倍，生产周期缩短了 40%，人力成本降低了 50%。

上汽安吉物流利用人工智能技术打造汽车物流供应链，对客户需求、汽车装载率、道位时间段、约定交货期、拼车的先长后短、物流分公司的运输量比例、小型车后配载等因素进行综合考虑，优化物流运输方案，每年降本增效 2% ~ 5%。

◉ 03　企业实现智能化生产的策略路径

鉴于智能化生产的种种优势，越来越多的企业开始尝试实施智能化生产，在实践探索的过程中形成了三大路径，具体如图 5-4 所示。

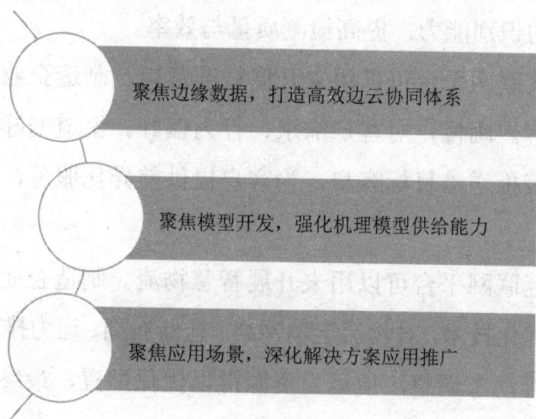

图5-4　企业实现智能化生产的三大路径

◆　**聚焦边缘数据，打造高效边云协同体系**

　　制造企业通过安装智能传感器、摄像头、三维扫描仪等工具进行边缘数据采集，借助泛在感知技术对产品研发、生产、销售等环节产生的各类数据进行采集、处理，包括设备运行数据、运营环境、人员等，以全面感知设备运行状态。另外，制造企业可以利用机器学习和深度学习算法对边缘数据进行分析，为装置的优化调整提供科学依据，最终实现模型、数据、服务的边云协同。

◆　**聚焦模型开发，强化机理模型供给能力**

　　（1）制造企业可以利用工业互联网平台对工业设备的运行状态进行监测，对设备故障进行分析，开展预测性维护，实现人机智能协同，提高设备的智能化管控水平。

　　（2）在生产制造环节，制造企业可以利用数字孪生、机器学习等技术开发一系列模型，例如，生产工艺优化模型、设计制造协同模型、质量管控模型、节能降耗模型等，对整个生产过程进行优化。

　　（3）在企业服务领域，制造企业可以利用深度学习、知识图谱、机器识别等技术，面向供应链风险管理、产品智能质量检测、精准营销、智慧物流等创建一系列模型，切实提高企业的服务水平。

◆ **聚焦应用场景，深化解决方案应用推广**

（1）在设备管理方面，制造企业可以利用平台沉淀的数据和模型对设备运行状态进行监测，对故障进行诊断，开展预测性维护，实现自主控制等，以提高设备的智能管控水平。

（2）在企业生产方面，制造企业可以以工业互联网平台为依托，让离散行业实现设计、制造一体化，对生产管理进行优化，增加产品的附加值，对设备进行健康管理等，让流程行业对生产过程进行监测，对整个生产过程进行优化，开展故障诊断、预测预警、工艺优化、质量控制，实现节能减排。

（3）在企业服务方面，制造企业可以以工业互联网平台为依托做好供应链管理，对产品质量进行检测，打造智慧物流，开展精准营销，打造在线化、实时化、智能化的服务。

第6章　网络化协同：数据资源的互通共享

◉ 01　网络化协同的四大特征

随着互联网、物联网等新一代信息技术在制造业领域广泛应用，网络化协同制造开始流行。协同制造指的是利用互联网、物联网等信息技术将供应链内的企业或者不同供应链的企业连接在一起，促使他们在产品设计、生产制造、管理、商务等领域密切合作，创造一种全新的业务模式，切实提高各项资源的利用率。

在生产模式方面，协同制造是在敏捷制造、虚拟制造、网络制造的基础上发展起来的一种生产模式，打破了时空限制，促使供应链上下游企业可以对客户、设计、研发、生产、管理等信息进行共享。协同制造改变了传统的串行工作方式，推行并行生产，极大地缩短了产品研发与生产周期，可以对客户需求做出快速响应。同时，在协同制造模式下，供应商可以直接参与产品设计和研发，提高产品设计水平，降低产品设计成本。

在实现方式方面，网络化协同制造的实现需要网络化协同制造系统的支持。网络化协同制造系统是由多种异构分布的制造资源相互连接形成的，是在计算机网络的基础上搭建的开放式平台，可以通过互相协作快速响应客户需求。

网络化协同表现出以下四大特点，如图6-1所示。

◆　**数据：从局部孤岛到连通体系**

在传统生产模式下，各企业、机构自主存储数据，数据无法在企业间自由流通，形成了数据孤岛，而且数据逻辑比较孤立，数据的潜在价值得不到充分释放。

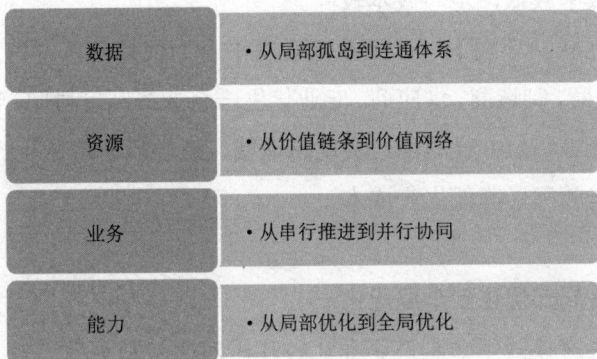

图6-1　网络化协同的四大特征

进入工业互联网时代之后，在大数据、物联网、人工智能等技术的作用下，企业之间、企业与社会、企业各生产要素之间相互关联，在产品整个生命周期形成了泛在连接，对各个生产环节进行统筹，让数据在整个生产链上自由流通，消除数据孤岛，同时消除工业生产过程中的各种不确定性。

◆　**资源：从价值链条到价值网络**

在传统生产模式下，价值链是围绕产品生产的各个环节生成的，主要目标在于降低成本、发现新的利润增长点，对现有的价值链进行优化，创造价值链新节点。

进入工业互联网时代之后，工业互联网平台的应用范围越来越广，在各个垂直行业实现了深入应用，对企业价值链的各个环节产生了颠覆作用，催生了一系列全新的生产要素和业务模式，提高了资源配置质量和效率，推动经营价值系统与决策逻辑发生了重大变革，推动价值链的核心从产品向用户演变。

◆ **业务：从串行推进到并行协同**

在传统生产模式下，生产活动在各个部门之间按照一定的顺序展开，一个环节完成再转向下一个环节。如果生产环节过多，生产流程过长，就会导致生产效率较低，生产成本较高。

在工业互联网环境下，以工业互联网平台为依托，各方资源汇聚在一起，促使设计商、制造商、供应商、专业化生产企业等高度协同，设计、制造、服务、供应链等环节并行联动，实现跨地域、跨学科、跨专业的业务协同，从而提高生产效率，降低生产成本。

◆ **能力：从局部优化到全局优化**

在传统生产模式下，制造企业比较注重对原材料采购、设备工控、生产排产等单个环节进行优化，各个环节之间无法形成有效联动，导致生产效率较低。

在工业互联网环境下，制造企业可以实现网络化协同，通过构建一体化的供应链，对生产、运营环节进行集中管控，对企业资产进行全生命周期管理等，提高企业全局优化能力、对风险的预测预警能力，做好安全管控。

◉ 02　网络化协同的典型应用场景

基于工业互联网平台的网络化协同可以围绕产品的整个生命周期，聚焦研发设计、生产制造、运维服务、供应链管理等环节，优化资源配置，促使人流、物流、信息流、资金流、技术流等实现相互协同。

◆ **协同设计**

协同设计有两个典型的应用场景，如表 6-1 所示。

表6-1　协同设计的两个典型应用场景

应用场景	具体应用
基于模型的设计	制造企业可以基于工业互联网平台统一数据源以及信息传递模型，让数据在需求分析、架构设计、方案设计、仿真验证等环节自由流通，促使设计、制造、供应、运维等环节实现有效协同，进而缩短产品研发周期，提高产品研发效率
集成研发流程	制造企业可以基于工业互联网平台颠覆单一的管理模式，促使架构设计、方案设计、详细设计、仿真验证实现一体化，让整个研发过程实现跨专业、跨学科、跨地域的高度协同

长安汽车在全球很多国家建立了研发中心，为了让国内的研发设计中心与国外的研发设计中心实现全天 24 小时的协作，长安汽车搭建了汽车产品智能化研发云平台，支持开展跨部门、跨企业、跨区域的产品协同设计，将产品研发周期缩短了 12 个月（从 36 个月缩短至 24 个月）。

华为在引入集成产品开发模式三年后，将高端产品的开发时间缩短了 50 个月（从 70 个月缩短至 20 个月），将中端产品的开发时间缩短了 40 个月（从 50 个月缩短至 10 个月），将低端产品的开发时间控制在 6 个月以内，并且将研发费用在总收入中的占比减少至 6%，研发损失减少至 6%。

◆　协同制造

协同制造的应用场景有三个，如表 6-2 所示。

表6-2　协同制造的三大应用场景

应用场景	具体应用
云制造	制造企业可以基于工业互联网平台对各类生产资源进行整合，推动制造系统实现网络化升级。制造企业面对生产过程比较复杂的产品时，可以按照生产流程、产品结构对生产任务进行分解，细分为部件生产、焊接、组装等流程，并根据工厂的人员配置、设备配置以及产能情况对产品生产任务进行合理安排，促使产品生产订单与产能实现高效匹配

续上表

应用场景	具体应用
云排产	制造企业可以依托工业互联网平台，根据市场、厂区、库房实时更新的信息实时调整生产计划，并安排人、机、料、法、环等生产资料的供给，保证生产任务能够按时完成，保证生产质量和效率
共享制造	制造企业可以借助工业互联网平台实现双边连接，打破行业壁垒，消除信息孤岛，提高设备、技术、人才等资源的利用率，减少空闲时间

商飞以工业互联网平台为依托构建了一个飞机研制系统平台，将全球近 150 家一级供应商连接在一起，彼此之间进行无障碍的数据交换，基于同一的数据源让设计、制造、供应等环节实现了一体化协同。

西飞集团基于工业互联网平台促使资源、信息、物料与人等资源实现了高度互联，打造了一套更加灵活的工艺流程，切实提高了资源利用效率，将整机制造周期缩短到 15 个月左右。

中铁与浪潮合作，基于工业互联网平台搭建了一个新型网络协同制造平台，促使复杂产品各个设计环节实现高效联动，制造、物流等环节实现协同管理，将产品交付周期缩短了 5% ~ 10%，将产品生产的综合成本降低了 3% ~ 5%。

◆ 协同运维

协同运维有两个典型的应用场景，如表 6-3 所示。

表6-3　协同运维的两个典型应用场景

应用场景	具体应用
人员与设备协同	制造企业以工业互联网平台为依托，对产品在整个生命周期产生的数据进行采集、监测与分析，定制生产计划，对人员、设备等资源进行动态调整，对企业的服务能力进行跨部门调配
运维知识协同	制造企业以工业互联网平台为依托，促使专家库、工具库、运维知识库、客户信息库等服务资源实现共享，制定统一规范的运维流程，保证运维质量，创建一种面向用户需求集中供给服务的新型服务模式，促使运维服务实现网络化协同

生意帮基于工业互联网平台推出了网络众包分包、精准供应链匹配、全生命周期品控等服务，致力于为企业提供高性价比的供应链解决方案，服务范围涵盖了模具加工、五金加工、表面处理和成品采购等诸多环节，可以帮助企业提高生产效率，降低生产成本。

◆ 供应链协同

供应链协同也有两个典型的应用场景，如表 6-4 所示。

表6-4 供应链协同的两个典型应用场景

应用场景	具体应用
精准化供应链	制造企业可以借助工业互联网平台对供应链上下游的资源进行整合，促使生产企业、销售企业、供应企业的物流、信息流和资金流实现一体化运作，为客户提供库存管理、零部件管理、实时补货和物流配送等服务，实时响应客户需求
社会化供应链	制造企业可以借助工业互联网平台对供应链进行协同管理，不断向产业链的上下游延伸，让数据、信息实现跨企业、跨地区、跨产业链共享，让各项业务相互协同，促使社会化的制造资源实现优化配置

石化盈科借助工业互联网平台对生产进度、生产质量、原油采购等进行监管，使供应链的反应速度、匹配精度、调运效率得以大幅提升，从而降低原油采购成本，减少产品库存。

航天云网平台支持 14 大类 66 小类生产制造能力、12 大类 139 小类实验试验能力、3 大类 30 小类计量检测能力的交易，提高社会化生产能力的配置质量与效率。

◉ 03　网络化协同制造模式的实现路径

　　网络化协同代表了制造业的发展方向，可以让制造企业对客户需求做出快速响应，从而提高制造企业的竞争力，满足大规模个性化定制需求，推动企业从单纯的制造向"制造＋服务"转型。

　　在实践过程中，制造企业在网络化协同制造领域形成了以下三大发展路径，如图6-2所示。

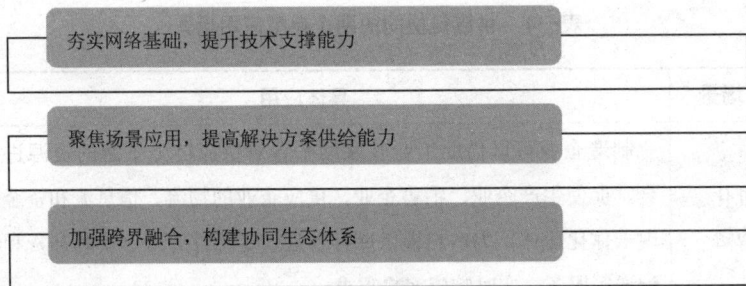

```
┌─────────────────────────────────────┐
│  夯实网络基础，提升技术支撑能力       │
└─────────────────────────────────────┘

┌─────────────────────────────────────┐
│  聚焦场景应用，提高解决方案供给能力   │
└─────────────────────────────────────┘

┌─────────────────────────────────────┐
│  加强跨界融合，构建协同生态体系       │
└─────────────────────────────────────┘
```

图6-2　网络化协同制造模式的三大实现路径

◆　**夯实网络基础，提升技术支撑能力**

　　（1）制造企业全面推进信息网络基础建设，推动互联网、物联网等新一代信息技术在制造业领域深度应用，通过技术研究、测试验证等方式推动工业互联网创新应用。

　　（2）企业尽快将工业设备接入互联网，将业务系统接入"云"，全面推进云化软件的开发与应用，降低企业的数字化门槛儿。

　　（3）制造企业推动数据分级、分类管理，利用大数据技术挖掘各类数据的潜在价值，将数据红利充分释放出来。

◆　**聚焦场景应用，提高解决方案供给能力**

　　（1）制造企业可以利用工业互联网平台，面向基于模型的设计、集成研发流程等协同研发场景，对信息传输、操作与管理等流程进行优化，减少人工试错次数，降低生产的错误率。

（2）制造企业可以利用工业互联网平台，面向云制造、云排产、共享制造等协同制造场景，对设备、技术等资源进行优化配置，提高利用效率。

（3）制造企业可以利用工业互联网平台，面向人和设备协同、运维知识协同等协同运维场景，对一些共性的服务需求以及社会服务资源进行整合，实现服务能力共享。

（4）制造企业可以利用工业互联网平台，面向精准化供应链、社会化供应链等供应链协同场景，完善质量管理体系，提高产品追溯能力，提高产业链各环节的管控质量。

◆　**加强跨界融合，构建协同生态体系**

（1）制造企业要加强与互联网企业的协作和融合，彼此共享技术、人才、管理、市场、资金、品牌、渠道等资源，促使工业生产要素、产业链、价值链实现相互协同。

（2）网络协同制造推动大中小企业融合发展，中小制造企业可以借助工业互联网平台向云端迁移，促使研发、生产、管理、运维等环节相互协同，创造更多新模式、新业态。

第7章 数字化管理：全价值链的无缝衔接

● 01 数字化管理的三大特征

近几年，海尔、富士康、树根互联等企业相继创建了工业互联网平台，基于平台将产品全生命周期以及供应链上的各个数据打通，推动资产管理、运营管理、组织管理等环节实现数字化创新，促使企业管理能力和运营效率得以大幅提升。具体来看，企业的数字化管理呈现出以下三大特征，如图 7-1 所示。

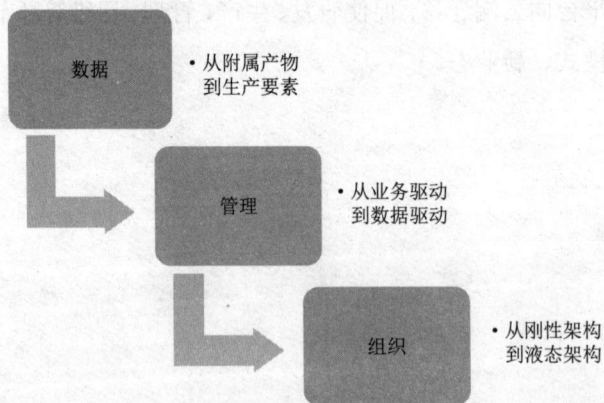

图7-1 企业数字化管理的三大特征

◆ 数据：从附属产物到生产要素

在传统生产过程中，因为企业在数据收集、开发、应用等方面的能力有限，使得数据一直是企业生产活动的附属品，不能作为生产要素挖掘使用。随着信息技术不断发展，企业的数据应用能力不断提升，数据价值得到了充分释放，数据逐渐成为企业重要的生产要素。

在工业互联网平台的支持下，企业可以开展数字化管理，将产品研发、生产、管理、服务等环节串联在一起，从各个维度切入采集设备、车间和物流等环节的数据，打造一个数据流动闭环，实现状态感知、实时分析、科学决策、精准执行等功能，为企业智能化决策提供有效支持，促使企业风险感知、预测与防范能力大幅提升。

◆　管理：从业务驱动到数据驱动

传统的企业管理以业务为导向，对管理者的经验依赖程度较高，各个节点之间的信息无法顺畅流动，分析过程和结果的复用率比较低。数字经济时代企业经营管理呈现快速迭代需求，传统的管理模式表现出一定的不适应性。

企业想要开展数字化管理，首先要对业务进行数字化监测、分析与模拟，对数据进行深入挖掘，利用虚拟仿真、AR/VR 等技术打造一个与真实世界相对照的数字孪生世界，打造标准化、精准化、可视化的业务流程，对员工、业务进行集中管控，对资源进行优化配置，使企业的资源管理能力得以大幅提升。

◆　组织：从刚性架构到液态架构

传统的企业组织大多采用的是科层制，按照基层、中层、高层等层级对权力进行分配。虽然这种模式可以保证管理者对员工的控制力，保证业务稳定开展，保证管理者可以做出科学决策，但面对外部变化时，无法做出有效应对。机构设置冗余、沟通交流烦琐等问题，使得这种组织模式无法有效地满足商业运营需要。

数字化管理是以数据驱动，通过数据带动人才、资金、技术等要素自由流动，形成一个具有强流动性、主动性合作性的业态架构，打造一个可以实现自组织、自适应的组织形态，鼓励各部门协同创新，保证协同创新效果，刺激企业员工释放自己的创造力和创新力，进而提高企业整体创新能力。

◉ 02 数字化管理的典型应用场景

企业通过经年累月的实践，数字化管理形成了三大典型应用场景，如图 7-2 所示。

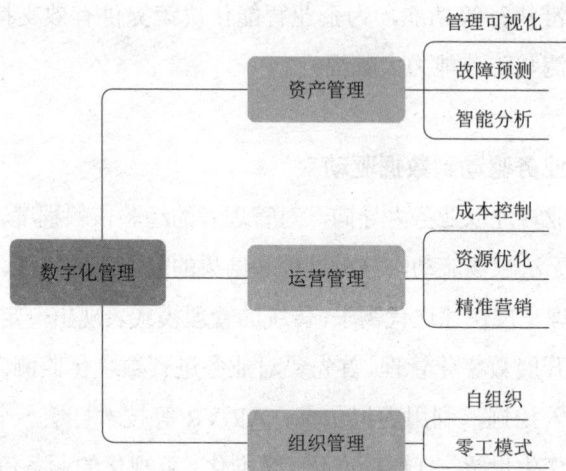

图7-2　数字化管理的三大典型应用场景

◆ **资产管理**

（1）管理可视化。企业可以利用工业互联网平台对零部件、生产设备、生产线等进行 3D 建模，创建与现实世界照的数字孪生生产线，对生产过程进行模拟仿真与再现。

（2）故障预测。在工业互联网平台的支持下，企业可以打造覆盖全生命周期的数据流，更全面、更立体地收集设备信息，通过分析收集到的实时数据对设备故障进行预警，并开展预测性防护。

（3）智能分析。企业可以基于工业互联网平台对研发、生产、物流等环节的数据进行采集，并利用知识图谱、专家系统等开展智能决策，推动企业的生产经营活动不断升级。

通用电气基于 Predix 工业互联网平台对航空发动机、燃气轮机、风机等设备的健康状态、故障情况进行预测，从而提高设备的生产效率与生产质量，降低生产能耗。

富士康以 BEACON 工业互联网平台为基础，将海量设备连接在一起，在边缘层与云端对这些设备进行统一管理，仅在云网设备领域就促使管理成本下降了 9%，每百万元营收制造费用降低了 11%。

◆　运营管理

（1）成本控制。企业可以借助工业互联网平台颠覆传统的工作模式，利用数字化工具对预算管理、备品管理、绩效管理等业务进行改造，提高自动化管理、智能化管理水平，从而降低运营成本。

（2）资源优化。企业可以利用工业互联网平台实现供给侧与需求侧信息的精准对接，促使各类数据、技术、人才等资源在企业内部以及上下游企业之间共享，从而使各项资源在最大程度上实现优化配置。

（3）精准营销。企业可以利用工业互联网平台全面收集用户数据，通过数据对用户行为进行挖掘，绘制用户画像，对潜在的业务场景进行挖掘，为客户提供个性化服务，在最大程度上提高用户的满意度。

树根互联与久隆保险、三湘银行合作，引领工业互联网平台、大数据分析等进入动产融资、UBI 保险等领域，极大地提高了各档保险定价的精准度，并支持定向营销。

寄云科技利用工业互联网平台将企业运营和现场管理连接在一起，为企业一体化管理的实现提供了无限可能。

◆　组织管理

（1）自组织。企业可以利用工业互联网平台优化管理模式，根据业务需要对各项任务以及工作指标进行动态分配，创建科学的赋权系统，在不断变化的过程中，拓展企业与员工的共同成长空间，并创建平台化、去中心化的分布式组织架构。

（2）零工模式。企业可以利用工业互联网平台创新用工方式，将企业改造为赋能平台，汇聚中小企业与第三方开发者，挖掘一些极具发展潜力的团队，为企业提供资源支持，充分释放团队成员工作的积极性、主动性与创造性。

　　海尔集团利用COSMOPlat工业互联网平台打造了一个去中心化的自治组织，培育了4 000多家小微企业，加速管理扁平化、企业平台化、员工创客化的发展进程。

　　阿里巴巴、华为、东方国信等企业借助工业互联网开发社区不断吸引新的开发者加入，促使开发者队伍不断壮大，为第三方开发者创造了一个良好的开发环境，持续推进用工模式创新，开发出了很多创造性应用。

◉ 03　企业实现数字化管理的转型策略

　　企业想要从传统的管理模式向数字化管理转型，可以采取以下四大策略，如图7-3所示。

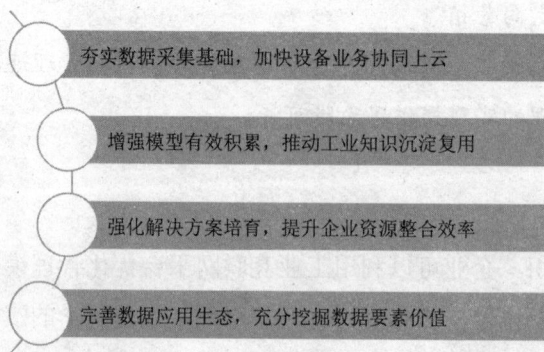

夸实数据采集基础，加快设备业务协同上云

增强模型有效积累，推动工业知识沉淀复用

强化解决方案培育，提升企业资源整合效率

完善数据应用生态，充分挖掘数据要素价值

图7-3　企业数字化管理的四大转型策略

◆　**夯实数据采集基础，加快设备业务协同上云**

首先，加快设备上云上链，尤其是重点设备和关键业务，提高数据流通效率。

其次，做好工业互联网网络建设，扩大 5G、TSN 等技术应用的深度与广度，引导制造企业做好内网与外网改造，为设备互联奠定良好的基础。

最后，持续推进企业数据中心建设，满足高带宽、大流量、高速度的应用访问需求。

◆　**增强模型有效积累，推动工业知识沉淀复用**

一方面，制造企业要围绕重点设备创建数字化仿真模型，例如，围绕高耗能设备、动力设备等创建设备寿命预测、运行参数模拟等模型，为数字孪生生产线的创建提供有效支持。

另一方面，制造企业要引入业务建模工具，创建机理模型管理引擎，培育关键业务模型，对研发设计、生产制造、运维服务等环节进行数字化管理，从而优化各环节的运作流程，提高生产效率。

◆　**强化解决方案培育，提升企业资源整合效率**

首先，制造企业要建设数字孪生生产线，面向设备预测性维护、故障诊断等开发一批 App，提高数据采集、分析与应用能力。

其次，制造企业要打破内部各部门之间的壁垒，提高数据、知识等要素在部门间的流动速度，围绕供应链管理、资产管理、库存管理等形成专门的解决方案。

最后，制造企业要围绕员工管理创建赋能赋权体系和绩效评价系统，形成液态组织架构，让资源实现按需调动、按劳分配。

◆　**完善数据应用生态，充分挖掘数据要素价值**

首先，制造企业要深入贯彻工业大数据发展指导意见，形成数据管理标准并推广应用；创建数据分级分类管理制度，搭建数据管理能力成熟度模型。

其次，制造企业要创建工业数据防护体系，打造线上线下的安全体系，增强企业的工业数据防护能力，切实保障数据安全。

最后，制造企业要做好数据管理人才培养，组织员工学习数据应用及相关工具的使用方法，提高员工整体的数据分析水平。

第8章 个性化定制：打造柔性制造新模式

● 01 个性化定制的三大特征

借助工业互联网平台，海尔、航天云网、红领等企业打通了用户需求与产品研发设计之间的数据流，创建了一个覆盖产品全生命周期的数据体系，通过数据流动实现人、财、物等资源在部门间的优化配置，为个性化定制的实现提供了诸多可能，从而更好地满足用户多元化、个性化的需求。个性化定制有三大特征，如图 8-1 所示。

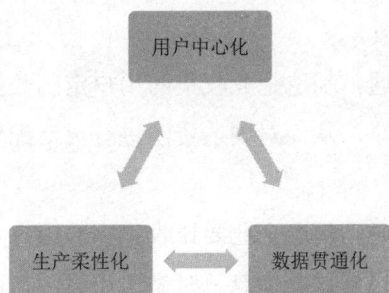

```
            ┌──────────┐
            │ 用户中心化 │
            └──────────┘
              ↗      ↖
   ┌──────────┐      ┌──────────┐
   │ 生产柔性化 │ ←→   │ 数据贯通化 │
   └──────────┘      └──────────┘
```

图8-1　个性化定制的三大特征

◆ 用户中心化

个性化定制的本质就是用户中心化。过去，企业价值链以产品为中心。近几年，企业价值链的中心正在向用户转移，呈现出以下三大特征。

（1）用户地位从被动变主动。在传统生产模式下，用户只能被动接受标准化的产品。但在个性化定制模式下，用户可以参与产品设计、制造和装配，获得更符合自身需求的产品，消费过程变得更加主动。

（2）产品从标准化变得个性化。在传统的生产模式下，制造企业会根据大客户的要求定制统一化的模板，生产标准化的产品。但根据长尾经济理论，制造企业想要拓展盈利空间，要在标准化之余兼顾个性化，通过定制化生产满足用户的个性化需求。

（3）服务边界从销售部门转向企业全部门。用户与制造企业分离的边界从前端销售部门延伸到企业所有部门，研发、生产、运维等环节都可以根据用户需求进行。

◆ 数据贯通化

个性化定制的核心是数据的贯通。制造企业借助工业互联网平台将数据贯通在产品的整个生命周期，将研发、生产、运维等部门连接到一起，对企业内的各类资源进行优化配置，从而实现个性化定制。

（1）数据准确贯通。制造企业要实时获取用户的个性化需求，结合实际使用场景将其转化为数据，并应用于各个业务环节，让各个业务部门的生产活动保持协调一致。

（2）数据实时贯通。制造企业收集的用户定制数据与生产能力数据要在企业各部门之间共享，从而对制造资源进行灵活配置，对客户需求做出快速响应。

（3）数据交互贯通。制造企业要让收集到的用户定制信息在企业内部自由流动，让各部门根据这些信息及时做出调整，从而提高企业的整体协作水平。

◆ 生产柔性化

个性化定制的关键就是开展柔性化生产。制造企业以工业互联网平台为依托收集用户需求，提高研发设计、生产制造、原材料供应等环节对用户需求的快速响应能力，快速调整生产线，提高个性化定制的精度、质量与效率。具体来看,生产柔性化要做到以下三点。

(1)设计协同。制造企业要对用户需求做出精准识别,对材料、结构、性能等设计部门进行协调,促使设计数据在企业各部门之间共享,围绕产品设计与生产制定个性化的方案,让研发、设计、生产等活动尽可能根据用户需求来开展。

(2)柔性制造。制造企业根据定制产品的生产要求,利用软件系统对生产线上的设备进行调整,保证各工序紧密衔接,确保定制产品的生产效率与生产质量。

(3)敏捷供应链。制造企业对用户的定制信息进行整理,制定原材料清单,确定采购计划,尽量缩短提前采购的时间,提高供应链的协作水平,保证生产过程中的原材料供应,防止原材料短缺等情况发生。

◎ 02 个性化定制的典型场景应用

随着越来越多的企业开始尝试个性化定制,个性化定制逐渐形成了三大典型的应用场景,如图8-2所示。

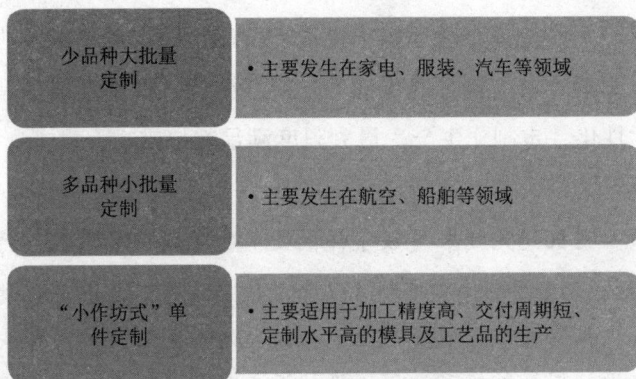

少品种大批量定制	·主要发生在家电、服装、汽车等领域
多品种小批量定制	·主要发生在航空、船舶等领域
"小作坊式"单件定制	·主要适用于加工精度高、交付周期短、定制水平高的模具及工艺品的生产

图8-2 个性化定制的三大应用场景

◆ **少品种大批量定制**

目前，少品种大批量定制主要发生在家电、服装、汽车等领域。这些企业为了满足消费者的个性化需求，利用工业互联网平台将消费者碎片化、通俗化的需求用标准化的工艺语音描述出来，指导研发、生产等部门对生产资源进行优化配置，开展交互式设计、可视化生产，促使制造资源与用户需求精准对接和高效匹配。

在个性化定制生产方面，海尔已经形成了比较成熟的模式。在COSMOPlat工业互联网平台的支持下，海尔沈阳电冰箱厂可以根据用户需求开展大规模定制化生产，并且将定制产品的不合格率降到了5.9%，将生产效率提高到了70%，为企业增加了44%的营收。

红领集团借助一体化的开放式互联网定制平台RCMTM为用户提供西装定制服务，可以在5分钟内采集人体19个部位的数据，将采集到的数据与数据库中存储的3 000多亿个西装板型数据进行匹配，快速生成适合用户的西装板型，将设计成本减少了90%，生产周期缩短了50%，基本实现了零库存经营，使企业营收翻了几倍。

◆ **多品种小批量定制**

多品种小批量个性化定制主要发生在航空、船舶等领域。这些企业在长期发展过程中创建了自己的数据库，可以借助工业互联网平台将数据库开放，为客户企业梳理个性化需求提供支持，帮助客户将复杂的产品需求拆分成可以理解、方便执行的零部件与产线配置，促使高端产品实现模块化设计与柔性化、定制化生产，最大限度满足客户需求。

中航第一飞机研究院采用数字样机技术研发新飞豹飞机，对整个飞机51 897个零件、43万个标准件和487个关键件进行三维数字化建模，将模型直接用于飞机的数字化研发与生产，极大地提高了各部件模块化设计水平，将飞机设计周期缩短了60%，设计返工减少了30%，切实提高了飞机研发生产效率，使飞机的部分性能满足个性化定制需求。

上海外高桥造船有限公司针对豪华邮轮设计创建了全球大型协同设计平台，与国外的设计公司相互协作，支持船东对设计图纸进行实时审核，根据船东反馈调整设计方案，最大限度满足船东的个性化需求，并将豪华邮轮设计效率提高了30%。

◆　"小作坊式"单件定制

"小作坊式"单件定制生产模式主要适用于加工精度高、交付周期短、定制水平高的模具及工艺品的生产。

企业可以借助工业互联网平台对线上服务中心与线下消费体验中心进行统筹建设，获取用户的个性化需求，用数据对产品设计、生产、服务等环节进行指导，自动生成支持3D打印的代码参数，利用3D打印等先进工艺快速完成小批量定制化生产。

共享装备股份有限公司3D打印智能成形工厂将"云"、互联网、工厂连接在一起，创建了新一代铸造智能工厂，引入铸造3D打印设备、AGV、桁架机器人等智能化生产设备，通过"云"对各项业务进行整合，对金属定制模具进行打印，将成品率提高了20%～30%，将产品生产周期缩短了50%，将生产效率提高了3～5倍。

航天云网创建的3D打印云平台，可以为用户提供一体化3D打印应用解决方案，缩短了产品生产周期，可以在最短的时间内将设计方案转化为实物产品，帮助企业提高对定制化需求的响应速度，满足产品快速迭代需求。

◉ 03　基于工业互联网的个性化定制

基于工业互联网的个性化定制有三大实现路径，如图8-3所示。

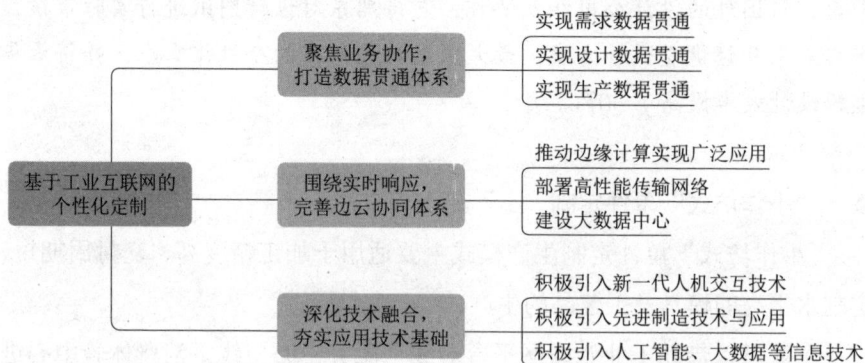

图8-3　基于工业互联网个性化定制的三大实现路径

◆　**聚焦业务协作，打造数据贯通体系**

（1）实现需求数据贯通。制造企业可以借助工业互联网平台面向用户搭建产品定制需求信息搜集渠道，搜集用户需求，指导研发、设计、生产、服务等部门根据用户需求开展相应的工作。

（2）实现设计数据贯通。制造企业可以借助工业互联网平台将定制产品的设计数据在部门间共享，并及时分享给用户，根据用户反馈调整设计参数，为生产等部门工作的开展提供指导。

（3）实现生产数据贯通。制造企业可以借助工业互联网平台将定制产品的生产数据共享，方便企业各部门相互协作，同时方便用户实时掌握产品生产进度。

◆　**围绕实时响应，完善边云协同体系**

（1）推动边缘计算实现广泛应用。制造企业可以在工业互联网平台部署边缘计算功能模块，用来梳理产品的定制信息，为生产制造、实际应用等环节提供辅助，在提高数据采集质量的同时提高制造企业对客户个性化需求的响应速度。

（2）部署高性能传输网络。在个性化定制生产模式中，为了保证数据在各个流程实时、可靠、敏捷地流通，制造企业要积极改造内网，同时部署高性能的新型传输网络，为工业互联网平台的运作奠定良好的网络基础。

（3）建设大数据中心。制造企业要积极推进数据中心建设，整合各类数据资源，推动各类数据跨行业流动，促使所有资源实现优化配置。

◆ **深化技术融合，夯实应用技术基础**

（1）工业互联网平台要积极引入新一代人机交互技术，例如，AR、VR等，降低用户参与产品设计、生产等环节的门槛儿，通过加强与用户的互动提高产品定制信息采集的全面性与精准度，为智慧化营销、精准化服务的开展提供科学指导。

（2）工业互联网平台要积极引入 3D 扫描、3D 打印等先进制造技术与应用，开展柔性化生产，降低定制化生产的成本，缩短定制化生产的时间，提高定制化生产的精度，更好地满足客户的个性化需求。

（3）工业互联网平台要积极引入人工智能、大数据等信息技术，提高对用户需求的响应速度，加强各部门之间的协作，缩短业务流程重组的时间，提高企业的管理效率。

第9章 共享化制造：驱动制造资源优化配置

◉ 01 共享化制造的三大特征

共享化制造指的是基于公平、透明的原则，将制造业的闲置资源进行合理匹配，提高各项资源的利用率，减少资源浪费。共享化制造的实现要求制造业的供需双方地位平等，信息对称。具体来看，共享化制造具备三大特征，如图9-1所示。

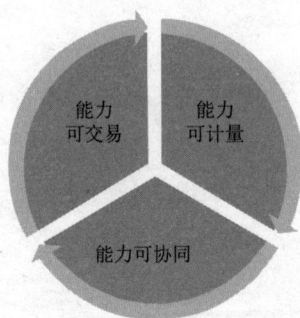

图9-1 共享化制造的三大特征

◆ 能力可计量

过去，人们很难准确地衡量制造、创新、服务能力的价值，也无法对交易时间、价格、产品形态、收益等进行量化统计，给很多交易活动的开展带来了困难。有形产品服务能力衡量是比有形产品所有权转让更复杂的事情。

工业互联网平台汇聚了工业行业的生产要素、生产链、价值链，可以将研发、制造、服务等环节打通，让数据自由流动，消除数据孤岛，从时间、产品、数量、精度等维度对制造、创新、服务等能力进行准确计算，为能力交易的开展提供有效支持。

◆　能力可协同

随着互联网、物联网、人工智能等新一代信息技术快速发展，社会分工越来越细，制造能力、创新能力、服务能力等呈现出分散化、碎片化的特点，由不同的社会主体持有。一方面，市场上的交易主体信息越来越多，闲置资源的空间分布愈发碎片化；另一方面，资源可以利用的时间一直处在动态变化状态，充满了不确定性。

工业互联网平台可以联通虚拟世界与物理世界，提高工业资源配置效率，促使闲置资源有效协同，提高分散资源匹配的精准度，为协同化生产制造与服务模式的构建提供强有力的支持。

◆　能力可交易

制造企业想要促使能力交易顺利开展，关键要降低能力交易成本。工业互联网平台可以有效降低搜寻成本、物流成本、制度成本、支付成本、信用成本。

具体来看，工业互联网平台支持接入数据、人才、技术等生态资源，对各类资源要素进行整合，可以促使制造能力实现在线分布，制造资源实现弹性供给，供需信息实现实时对接，能力交易实现精准计费，进而促使隐性服务实现市场化，最终构建一个新型制造体系。

◉　02　共享化制造的典型场景应用

经过制造企业多年的探索实践，共享化制造形成了三大典型应用场景，如图 9-2 所示。

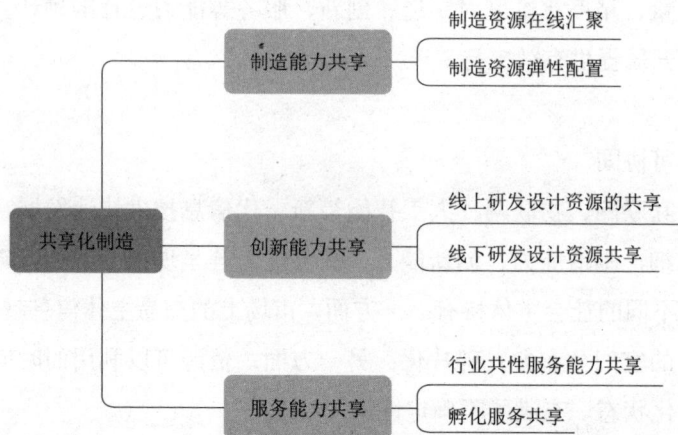

图9-2　共享化制造的三大应用场景

◆　**制造能力共享**

（1）制造资源在线汇聚。大型制造企业可以利用工业互联网平台对企业闲置的制造能力进行盘点、剥离、集成、整合，促使各类制造资源实现在线整合、计量与发布，包括生产加工资源、物流配送资源、计量检测资源等，提高企业制造能力的集成整合水平，提高能力资源的利用率，减少闲置制造能力的浪费。

（2）制造资源弹性配置。制造企业通过工业互联网平台连接各种生产设备，按照使用时间、设备价值、工件数量等计费，促使制造资源实现泛在连接、弹性供给、高效配置以及社会化共享，提高制造能力的整合共享水平，促使企业闲置的制造能力实现优化配置。

智能云科借助 iSESOL 平台，以租赁的方式将上万台 i5 机床对外共享，按照使用时间、价值或工件数量计费，促使企业的一次性生产成本大幅下降。

航天云网 INDICS 平台支持不同的制造企业之间交易 14 大类、66 小类生产制造能力，12 大类、139 小类试验能力，3 大类、30 小类计量检测能力，帮助不同制造企业的制造能力在不同区域之间共享。

◆ 创新能力共享

（1）线上研发设计资源的共享。制造企业利用工业互联网平台将技术、知识、经验、实践转化为工业机理模型与工业 App，将开发工具、工业 App、工业机理模型等研发设计资源沉淀下来反复使用，打造一个新型研发体系，支持在线发布研发需求、在线共享研发资源、在线实现研发业务协同，最终降低工业创新门槛儿。

（2）线下研发设计资源共享。制造企业利用工业互联网对闲置的线下研发资源进行整合，包括实验仪器、检测设备等，在线有偿共享，以提高研发资源的利用效率，减少因为闲置造成的浪费。

海尔通过 COSMOPlat 工业互联网平台共享研发设计资源，包括设计工具、工业机理模型等，支持研发设计人员直接调用。目前，海尔 COSMOPlat 工业互联网平台的开发者超过 10 万人，链接了 3.4 亿用户，50 多万家企业，创建了一个多方参与、交互体验的研发设计生态。

◆ 服务能力共享

（1）行业共性服务能力共享。大型制造企业可以利用工业互联网平台对物流仓储、产品检测、验货验厂、金融资本、方案咨询、检测认证等共性服务资源，以及企业的共性服务需求、社会服务资源进行整合，对集约化、智能化、个性化的服务能力的共享模式进行探索。

（2）孵化服务共享。大型制造企业可以利用工业互联网平台充分发挥自己在渠道、品牌、市场等方面的优势，为中小微企业提供技术培训、品牌宣传、市场推广等服务，提高中小微企业的市场竞争能力，促使大中小企业实现融合发展。

荣事达利用工业互联网平台对品牌、技术、制造、资金、市场、信息、人才、管理、文化等进行整合，为初创企业提供精准扶持，将初创企业的存活率提高到了100%。

03 如何培育共享化制造新模式

制造企业想要践行共享化制造模式，需要做到以下三点，如图9-3所示。

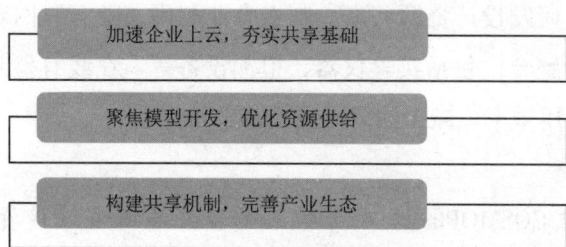

加速企业上云，夯实共享基础

聚焦模型开发，优化资源供给

构建共享机制，完善产业生态

图9-3 制造企业培育共享化制造模式的三大路径

◆ 加速企业上云，夯实共享基础

（1）鼓励制造企业将研发设计资源接入"云"，包括研发设计工具、实验仪器、检测设备等，促使研发设计资源实现在线集成、整合与重构。

（2）鼓励制造企业将核心业务系统接入"云"，以集成应用为导向，在云端架构系统，打通共享制造的各个环节，让数据在整个系统实现共享。

（3）鼓励制造企业将设备和产品接入"云"，以交易能力为导向引导企业在线分布制造能力，开展供需信息实时对接等业务，促使制造资源在企业间实现优化配置。

◆ **聚焦模型开发，优化资源供给**

（1）鼓励制造企业以制造能力共享为目标，开发出能够在线发布制造能力，在线进行制造能力对接与精准计费的模型，促使制造能力实现优化配置。

（2）鼓励制造企业以创新能力共享为目标，借助工业互联网平台，将技术、知识、经验转化为工业机理模型，积累、沉淀更多研发设计资源，促使这些资源实现广泛复用。

（3）鼓励制造企业以服务能力共享为目标，围绕投融资、方案咨询、检测认证、精准营销、智慧物流等事项开发出相应的模型，帮助中小微企业提高服务能力。

◆ **构建共享机制，完善产业生态**

（1）鼓励有实力的大型制造企业开展机制创新，将闲置资源与其他企业共享，尤其是研发设计、制造能力、物流仓储等重点领域的闲置资源，以提高有效供给水平和质量。

（2）鼓励高等院校、科研院所建立健全利益分配机制和资源调配机制，与其他高校、企业共享实验能力、科研仪器和设备等。

（3）政府通过宣传引导、现场会等活动，鼓励制造企业开放数据接口，推进数据共享产业生态建设。

第10章　服务化延伸：促进制造业服务化转型

● 01　服务化延伸的三大特征

服务化延伸指的是制造企业在产品上添加智能模块，将产品接入互联网，采集更多运行数据，并利用大数据技术对这些数据进行分析，开发出多元化的智能服务，从产品销售向优化服务拓展。例如，为客户提供产品优化方案以及增值体验等。如果工业互联网平台企业能够提供服务化延伸，说明其已经具备工业产品基础，或者已经拥有较强的服务输出能力。

海尔、三一、徐工等企业借助工业互联网平台创新经营模式，推出了设备服务、供应链服务、综合解决方案服务等许多延伸业务，逐渐从产品供应商向服务供应商转变，不断提高产品的附加值，向价值链的高处发展。具体来看，服务化延伸具有三大特征，如图 10-1 所示。

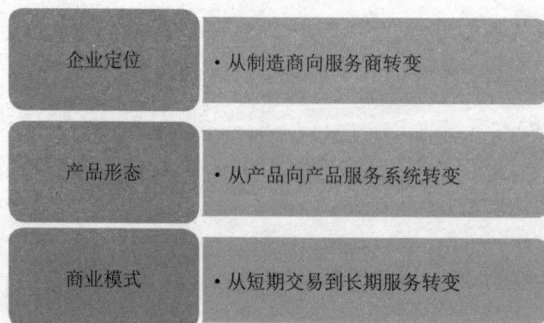

企业定位	· 从制造商向服务商转变
产品形态	· 从产品向产品服务系统转变
商业模式	· 从短期交易到长期服务转变

图10-1　服务化延伸的三大特征

◆　**企业定位：从制造商向服务商转变**

传统制造企业的所有活动都是围绕生产制造展开的，通过扩大生产规模或者对生产线进行自动化、智能化改造，提高产品生产能力，进而提高企业的竞争力。

随着制造企业的生产力不断提升，市场上的商品供过于求，供需关系发生了改变。仅凭产品生产能力，制造企业已经无法提高市场占有率，基于产品提供的服务质量成为制造企业在激烈的市场竞争中获胜的关键。基于此，制造企业开始从制造商向服务商转变。制造企业的服务范围也开始从单纯的生活环节向服务环节拓展，包括设备运营与维护、满足客户多元化需求、支撑业务管理决策等，以不断提高产品的附加值，提高自身的综合竞争力。

◆　**产品形态：从产品向产品服务系统转变**

传统制造企业的主营业务是向市场源源不断地输出产品，通过创新生产技术、生产模式、管理方式等提高产品质量和价值，通过销售产品获利。

随着生产力水平不断提升，产品价值之间的差异不断缩小。过去，市场需求以产品为导向，如今已经转向以产品服务系统为导向。在此形势下，制造企业立足于单一的制造环节向产业链的两端延伸，为消费者提供专业化的服务。由此，制造企业的业务范围和内容不断拓展，逐渐向产品整个生命周期延伸，为企业带来源源不断的盈利。

◆　**商业模式：从短期交易到长期服务转变**

传统制造企业大多秉持的是"一锤子"买卖式的交易模式，追求的是订单量与成交额，不太重视后期运维与服务。随着客户需求不断升级，单纯售卖产品的利润空间不断下降，迫使制造企业摒弃传统的经营理念，开始提升产品附加值，探索新的盈利空间。

在此形势下，制造企业开始重视后期运维与服务。一方面拓展商业范围，增强用户黏性，提高核心竞争力；另一方面打造基于产品全生命周期的数据流通闭环，推动研发设计、生产制造、运营管理等环节不断升级。

◉ 02 服务化延伸的典型场景应用

经过多年的探索实践，制造企业在服务化延伸方面形成了三大典型的应用场景，如图 10-2 所示。

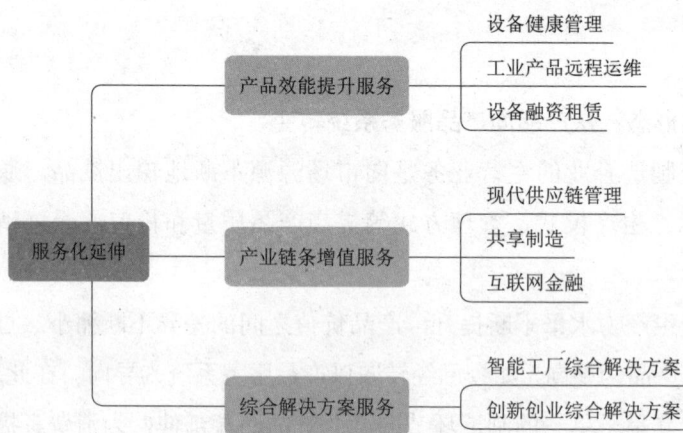

图10-2 服务化延伸的三大典型应用场景

◆ 产品效能提升服务

（1）设备健康管理。制造企业基于工业互联网平台对生产设备的制造工艺、运行工况和状态数据等数据进行整合，逐渐形成设备故障诊断、预测预警、健康管理等模型。

（2）工业产品远程运维。制造企业基于工业互联网平台对产品设计、运行、环境等数据进行整合，为客户提供故障诊断、故障预测、寿命预估等服务。

（3）设备融资租赁。制造企业基于工业互联网平台对设备运行情况、实时工况等设备数据、企业生产经营等业务数据进行采集、整合，创建可以用来分析客户经营活动、信用的大数据分析模型，对客户信用、质量进行评级。

徐工集团利用汉云工业互联网平台记录每一台设备的基本信息，指导工作人员提前更换可能损坏的零部件，将设备故障率降低了 50%。

日立集团借助 lumada 工业互联网平台推出 ConSite OIL 解决方案，在传感器的支持下将远程故障预警率提高到 58%。

◆ 产业链条增值服务

（1）现代供应链管理。制造企业可以以工业互联网平台为依托，围绕集中采购、供应商管理、柔性供应链、智能仓储、智慧物流等环节开发云化应用服务，推动信息流、资金流、物流、商流等在制造企业与供应链各主体之间共享，帮助供应链企业打造规范、标准的业务流程。

（2）共享制造。制造企业可以基于工业互联网平台开发一些可以在线发布的制造能力，让制造能力实时对接于精准计费的工业 App，对制造能力进行集成整合、在线分享和优化配置，满足制造能力计量、协同、交易需求，促使制造资源实现泛在连接、弹性供给和高效配置。

（3）互联网金融。制造企业可以基于工业互联网平台对产业集聚区内制造企业的生产经营数据进行采集、整合，建立大数据分析模型，分析客户信用，开发可以预测客户经营状况的工业 App，评估企业信用，计算企业坏账率，为银行制定贷款决策提供科学依据。

三一集团以树根互联股份有限公司的根云工业互联网平台为依托开展供应链管理服务，帮助下游经销商将年备件库存成本降低了 3 亿元，年生产性服务收入超过 30 亿元。中联重科成立融资租赁公司扩大设备销售范围，所获营收在集团所有营收中的占比超过 20%。

◆ **综合解决方案服务**

（1）智能工厂综合解决方案。机械、船舶、汽车等离散行业可以以工业互联网平台为依托，打造一个柔性化的生产系统，对外界需求做出敏捷反应，也可以促使制造单元、加工中心、生产线和车间之间的设备相互连接，对各类数据进行整合，提高智能管控水平。同时，冶金、石化等流程行业可以基于工业互联网平台提高工艺控制、状态监测、故障诊断、质量控制和节能减排等环节的智能化水平，提高生产效率，保证生产安全，实现绿色、低碳生产。

（2）创新创业综合解决方案。制造企业以工业互联网平台为依托，对企业内及产业链上下游的各类创业创新资源进行整合，包括研发、制造、管理、商务、物流、孵化等，对工业生产的全要素进行在线整合与平台化共享，为企业的创业创新提供强有力的支持。

海尔基于COSMOPlat工业互联网平台打造了大规模个性化定制工厂样板，面向全球、全国、全行业提供用户全流程参与的大规模定制服务，并将自己的经验公开分享，实现跨行业、跨领域的生态赋能，为企业转型提供强有力的支持。

同时，海尔基于COSMOPlat工业互联网平台打造了15大互联工厂样板，在全球20个国家、15个行业复制应用，包括电子、纺织、机械、建材、交通、化工等，从衣、食、住、行、康、养、医、教等方面带给全球用户更加美好的生活体验。

● 03　制造业服务化转型的实践策略

服务化转型已经成为制造业发展的必然趋势，具体来看，制造业的服务化转型可以采取以下四大策略，如图10-3所示。

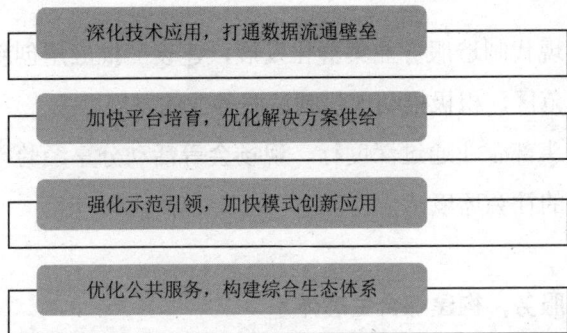

图10-3　制造业服务化转型的四大策略

◆　**深化技术应用，打通数据流通壁垒**

（1）行业可以面向希望深度应用 5G、人工智能、XR 等信息技术的制造企业发布工业互联网平台服务化延伸指南，帮助企业尽快上云。

（2）制造企业要规范数据格式与接口，打造标准化的工业设备，消除产品连接与数据传输障碍。

（3）制造企业要探索建立数据分级分类管理办法，贯彻数据管理能力成熟度模型的相关标准，全面释放数据潜能。

◆　**加快平台培育，优化解决方案供给**

（1）鼓励有实力、有能力的大型制造企业向"全面解决方案"服务商转型发展，不断提升行业影响力。

（2）鼓励制造行业的领军企业增加在服务环节的投入，不断提高服务水平，培育新的业务形态，开发一批专用或者通用的工业 App。

（3）鼓励中小微企业发展服务外包，通过重构业务流程向产品和综合服务提供商转变，为大型制造企业提供专业化服务。

◆　**强化示范引领，加快模式创新应用**

（1）在行业内培育一批服务型制造解决方案供应商，面向装备制造、家电制造、电子信息等领域提供研发设计、供应链管理、融资租赁、信息增值等服务。

（2）鼓励现代制造服务业集群化发展，建设一批应用创新推广中心和工业互联网示范区，积极推动现代制造服务业的发展。

（3）鼓励头部企业通过深度行、现场会等活动分享经验，为产业发展营造一个良好的社会环境。

◆ **优化公共服务，构建综合生态体系**

（1）面向制造业搭建"双创"公共服务平台，不断完善综合服务，包括政策咨询、宣传推广、人才培养、企业诊断、投资融资、决策支撑等，切实提高制造业的创新创业水平。

（2）围绕制造业创建服务型人才队伍，引导职业院校、高校开设相关课程，培养高端的复合型人才，满足制造企业对人才的需求。

3

5G 智能工业篇

工业互联网被视为5G商业化应用的主战场,二者结合在协同研发设计、远程设备操控、机器视觉质检、设备故障诊断、厂区智能物流、无人智能巡检等领域有着广阔的应用空间。

第11章　5G制造：开启工业互联网未来图景

● 01　5G 赋能工业互联网的未来

工业、制造业的智能化转型离不开工业互联网的支持。在工业互联网的作用下，人、数据与机器可以相互连接。低延时、高带宽、广覆盖的 5G 网络可以促使工业化与信息化高度融合，对工业互联网的发展产生强有力的推动作用。

◆ 工业互联网：5G商用的主战场

5G 商用牌照被视为我国正式进入 5G 时代的标志。5G 凭借诸多优点可以对各个产业的发展产生强有力的推动作用，包括无人驾驶、云 VR/AR、远程控制等，具体分析如下。

5G 网络可以满足无人驾驶对无线通信网络低时延、高稳定性的要求。在无人驾驶领域，5G 网络的应用范围极广，实现了从车辆、基础设施到行人的全覆盖，可以与导航定位技术相结合，按照特定的技术指标对网络传输带宽进行分配，为无人驾驶的实现提供强有力的网络支持。

在云 VR/AR 领域，5G 网络也有广泛的应用空间。AR 技术在生产、制造、装配、维护等环节应用，可以实现数据可视化，将生产状态直观、清晰地展示出来。员工只要使用 AR 设备扫描生产线设备就可以获得相关数据，了解生产状态，提高生产效率。在 VR 技术的支持下，企业可以构建虚拟仿真工厂，在虚拟环境中对生产过程进行实时监测。但无论 AR 获取的数据还是 VR 获取的数据，都需要通过无线网络上传至云端。在 5G 网络的支持下，AR/VR 可以打破时空限制，带给生产人员沉浸式的体验。

远程控制领域，在采矿、危险化学品生产等情境中，远程控制的前后端可以基于 5G 网络创建信息闭环。前端将获取的环境数据通过 5G 网络传输至后端，后端通过对数据进行分析、处理，进而做出决策，向前端发布指令。前端收到指令后完成相应的操作。在低时延、高稳定性的 5G 网络的支持下，整个过程将变得更高效，前端的操作也将变得更精准。

此外，虽然 Wi-Fi、蓝牙等无线技术已经在工业互联网领域得到了广泛应用，但依然面临着很多问题，例如，干扰多、时延长等。为了获得稳定的网络环境，工业互联网多使用有线网络。但随着 5G 网络推广应用，Wi-Fi、蓝牙等无线技术面临的干扰多、时延长等问题都能得到有效解决，可以帮助企业降低网络成本，优化施工环境。

在工业互联网环境下，工厂要引入智能化设备，实现物与物通信，还要以 5G 网络为依托打通人、机器与数据之间的界限，打破地域、商业、技术之间的边界，实现无界限连接，支持消费者利用各种设备对产品进行溯源，了解产品的整个生产过程。

◆ 5G赋能工业互联网的未来

具体来看，5G 主要从三个方面为工业互联网提供助力，如图 11-1 所示。

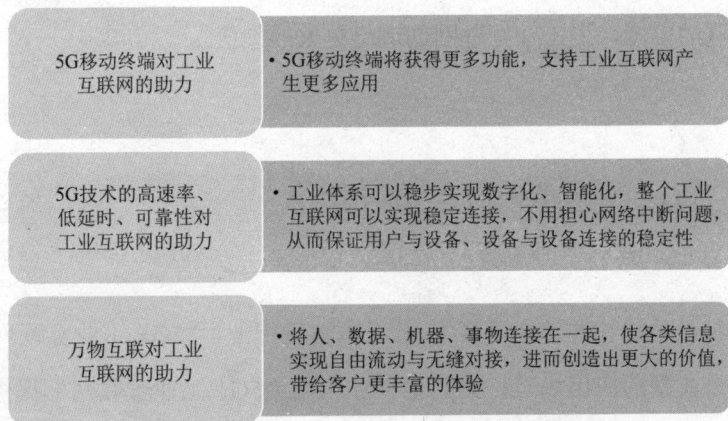

5G移动终端对工业互联网的助力	• 5G移动终端将获得更多功能，支持工业互联网产生更多应用
5G技术的高速率、低延时、可靠性对工业互联网的助力	• 工业体系可以稳步实现数字化、智能化，整个工业互联网可以实现稳定连接，不用担心网络中断问题，从而保证用户与设备、设备与设备连接的稳定性
万物互联对工业互联网的助力	• 将人、数据、机器、事物连接在一起，使各类信息实现自由流动与无缝对接，进而创造出更大的价值，带给客户更丰富的体验

图11-1　5G赋能工业互联网的三大层面

（1）5G 移动终端对工业互联网的助力。5G 芯片具有集成度高，计算、存储、处理能力强的特点。在云计算技术的支持下，5G 移动终端将获得更多功能，支持工业互联网产生更多应用。手机、VR 设备等都有可能成为移动终端，它们与 5G 用户一起构成了信息交互的主体。用户可以根据自身需求与喜好在移动终端植入定制应用，使工业互联网的客户端应用不断丰富，促使 5G 技术与工业互联网紧密融合，推动工业互联网的发展。

（2）5G 技术的高速率、低延时、可靠性对工业互联网的助力。在 5G 网络的支持下，工业体系可以稳步实现数字化、智能化。整个工业互联网可以实现稳定连接，不用担心网络中断问题，从而保证用户与设备、设备与设备连接的稳定性。作为未来移动互联网技术系统的核心，5G 利用非正交多址接入、毫米波通信、大规模 MIMO 天线技术、网络功能虚拟等技术，可以切实保证信息传输质量，增强网络的抗干扰能力，保证传输复用效果，实现资源共享，帮助工业互联网更好地融入移动环境。

（3）万物互联对工业互联网的助力。随着物联网不断发展，人们的生活必将进入万物互联时代，进而助力工业互联网的物物互联进一步发展。万物互联是利用互联网将人、数据、机器、事物连接在一起，促使各类信息实现自由流动与无缝对接，进而创造出更大的价值，带给客户更丰富的体验。在 5G 技术赋能下，工业互联网领域将引入万物互联，极大地拓展物物互联的范围，为工业互联网创造出更大的价值。

● 02　5G 工业互联网的典型应用场景

随着相关机构与企业不断探索，在制造行业，"5G+ 工业互联网"形成了九个典型的应用场景，为其他行业应用"5G+ 工业互联网"提供了有益借鉴，如图 11-2 所示。

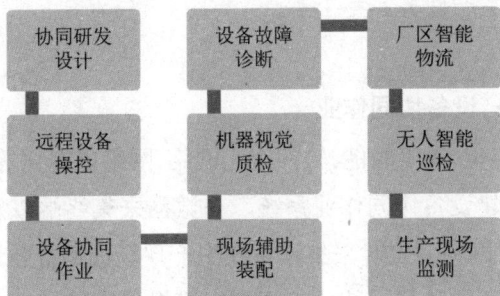

图11-2 5G工业互联网的十大典型应用场景

◆ **典型场景一：协同研发设计**

协同研发设计包括两大环节，一是远程研发实验，一是异地协同设计。其中，远程研发实验指的是利用5G、AR、VR等技术创建企业研发实验系统，或者对企业原有的研发实验系统进行升级，对实验画面及数据进行现场实时采集，利用5G网络将采集到的数据传输给身处世界各地的科研人员，并支持科研人员进行远程操作，联合解决实验过程中遇到的难题，从而加快实验进程。

异地协同设计指的是利用5G、数字孪生、AR/VR等技术搭建协同设计系统，围绕工业部件、设备、系统、环境等模块实时生成数字模型，以5G网络为依托对设计数据进行同步传输，帮助设计人员利用洞穴状自动虚拟环境（CAVE）仿真系统、头戴式5G AR/VR、5G便携式设备（Pad）等终端远程进入虚拟环境，与其他设计人员一起对2D/3D设计图纸进行修改与完善，切实提高设计效率。

◆ **典型场景二：远程设备操控**

在5G、自动控制、边缘计算等技术的支持下，制造企业可以升级设备操作系统，在数据采集终端（工业设备、摄像头、传感器等）内置5G模组或5G网关，将数据采集终端接入互联网。在5G网络的支持下，设备操控员可以远程获取生产现场的视频画面及各类终端数据，还可以远程操控生产现场的设备，指导设备精准、快速、准确、可靠地执行各种指令，按部就班地完成生产任务。

◆ **典型场景三：设备协同作业**

在 5G 授时定位、人工智能、软件定义网络、网络虚拟化等技术的支持下，制造企业可以创建设备协同作业系统，在数据采集终端以及工业设备中内置 5G 模组或 5G 网关，实时采集设备在生产现场的运行轨迹、各个工序的完成情况等数据，同时利用统计、规划、模拟仿真等方法，按照需要将各个生产设备编组，创建一个灵活的协同工作体系，优化设备协同工作模式，根据优化结果对工业系统与设备发布指令，促使各个设备分工协作，从而提高设备利用效率，减少生产过程中的能源消耗。

◆ **典型场景四：现场辅助装配**

制造企业可以在 AR/VR 眼镜、智能手机、Pad 等智能终端内置 5G 模组或 5G 网关，将这些设备接入 5G 网络，实时采集生产现场的图像、视频、声音等数据，并借助 5G 网络实时传输到现场辅助装配系统，由该系统对数据，生成可以辅助生产的信息，并通过 5G 网络将信息发送至生产现场的终端设备，使各个装配环节可视化，实现操作步骤的增强图像叠加，对现场工作人员的设备装配过程提供有效指导。另外，在 5G 网络的支持下，专家的指导信息、设备操作说明书、图纸、文件等可以同步传输到现场终端，打造一个智能化的装配过程，切实提高现场装配的水平与效率。

◆ **典型场景五：机器视觉质检**

制造企业可以在工业相机或激光扫描仪等质检终端内嵌 5G 模组或 5G 网关，将这些质检终端接入 5G 网络，在生产过程中实时获取产品的高清图像，并通过 5G 网络将这些图像传输至专家系统。专家系统获取图像之后，利用人工智能算法模型对图像进行分析，与系统中的规则或模型要求进行对比，判断产品或者物料是否符合要求，如果发现问题或者缺陷就会自动报警，并将问题记录下来，为以后的质量溯源提供依据。同时，专家系统可以对各类数据进行整合，传输到企业质量检测系统，并根据周期性的数据流不断优化模型，通过5G网络促使模型在各个生产线共享。

◆ **典型场景六：设备故障诊断**

制造企业可以在现场设备上加装功率传感器、振动传感器和高清摄像头等部件，然后在这些部件中内置5G模组或5G网关，与5G网络连接，实现设备数据的实时采集和传输。数据传输至设备故障诊断系统，由该系统对采集到的设备状态数据、运行数据和现场视频数据实时监测，对设备经常发生的故障进行整合，建立故障知识图谱，在设备发生故障时进行快速诊断与定位。另外，在数据挖掘技术的支持下，设备故障诊断系统还可以对设备运行趋势进行智能分析，并通过网络促使报警信息、诊断信息、预测信息、统计数据等信息实现智能推送。

◆ **典型场景七：厂区智能物流**

厂区智能物流有两个应用场景，分别是线边物流和智能仓储。线边物流指的是将物料定时定点定量地从上游工位运输至下游工位，从工位运输至缓冲仓，从集中仓库运输至线边仓的过程。智能仓储指的是利用物联网、云计算和机电一体化等技术打造智慧物流，降低仓储成本，提高运营效率与仓储管理能力的过程。

在厂区智能物流场景中，制造企业通过在自动导引车辆、自动移动机器人、叉车、机械臂和无人仓视觉系统内置5G模组或5G网关，结合5G MEC＋超宽带（UWB）室内高精度定位技术，通过部署智能物流调度系统，可以让包括物流终端控制、商品入库存储、商品搬运、商品分拣等环节在内的物流作业流程实现自动化、智能化。

◆ **典型场景八：无人智能巡检**

在无人智能巡检场景中，制造企业通过在巡检机器人或无人机等设备内置 5G 模组或 5G 网关，让这些设备接入 5G 网络，实时采集巡检现场的视频、语音、图片等数据，实现自动巡逻值守，并将巡检数据自动记录下来，发现问题及时发出警告，并将获取的数据实时传输至智能巡检系统，由智能巡检系统利用图像识别、深度学习等技术进行综合判断，得出巡检结果，提高巡检效率，切实保证厂区安全。

◆ 典型场景九：生产现场监测

在生产现场监测场景中，制造企业通过在各类传感器、摄像头和数据监测终端设备内置 5G 模组或 5G 网关，实时采集对生产现场的环境、人员活动、设备运行状态等数据，并将数据传输至生产现场的监测系统，由该系统对生产活动进行精准识别，发现违规操作、异常状态及时报警，从而实现对生产现场的全方位监控，切实保障生产安全。

◉ 03　基于 5G 边缘计算的工业互联网

作为一种基础性技术与产业，5G 已经进入大规模商用阶段。与此同时，互联网与制造业深度融合，催生出一个新应用——工业互联网，在世界范围内引起了广泛关注。在新的时代背景下，5G 与工业互联网相融合，是信息技术与实体经济融合发展的必然趋势。下面，我们对基于 5G 工业互联网边缘计算的应用与技术架构进行重点探究。

◆ 5G 工业互联网的边缘计算应用

目前，在生产制造场景中，工业互联网的连接方式还是以有线连接为主，无线连接占比很小。这种情况存在的主要原因在于，有线网络连接比较稳定，不易受车间电磁的干扰，无线网络在这些方面的表现稍显逊色。随着大带宽、广连接、低时延、高可靠的 5G 网络实现规模化商用，这些高科技技术为工业互联网的无线化连接提供了有效的解决方案。当然，5G

不仅是无线技术的升级，还伴随着很多网络技术的变革，包括边缘计算、网络切片、网络功能虚拟化等。其中，边缘计算的引入可以极大地满足工业企业维护数据安全，对数据进行实时处理的要求。

5G与边缘计算相结合可以打造云网一体化服务，在无线园区类、物料管理类（如移动扫码）、智能机器人/车（如仓储运输自动驾驶车）、智能视频类（如安防监控、工业视觉）、AR/VR（AR维修、VR培训）等场景中广泛应用，为工业互联网，尤其是工业生产和制造赋能。

近年来，为了推动"5G+工业互联网"快速发展，电信运营商做了很多努力，将网络连接、云与应用相结合，打造了很多边缘计算解决方案，并在现网提供商用服务或试点，具体分析如下。

（1）基于4G/5G边缘计算提供工厂虚拟专网。5G工业互联网借助边缘计算实现本地分离，以运营商大网为基础，为制造企业的工厂园区提供专属的移动虚拟网络，满足数据采集、移动终端、视频监控、设备连接等多场景无线连接需要。

（2）5G云化AGV（Automated Guided Vehicle，自动导引运输车）服务。受磁条导航与电磁导航方式的限制，工厂想要引入AGV必须对现有的环境和设施进行改造，激光导航成本较高，并且只能在固定场景中应用。如果采用Wi-Fi技术，又很容易受到干扰，导致AGV调度控制的稳定性受到不良影响。以5G与边缘计算技术为依托，工厂可以为AGV小车打造一个稳定的网络环境，并且可以就近部署SLAM（Simultaneous Localization And Mapping，即时定位与地图构建）技术，为AGV小车提供视觉导航服务。

（3）4G/5G边缘计算+视频分析/视觉识别分析服务。制造企业可以在生产现场部署工业摄像头或者工业相机，利用视频图像分析处理技术对生产现场进行监测，对产品质量进行检测，及时检出缺陷产品，提高检测质量与效率，并降低人工成本。例如，浙江某水泥厂尝试将5G与机器视觉技术结合应用，推动水泥包计数检测、进料秤断料检测、链条机轮子停转检测智能化升级，进而提高水泥生产设备的利用率，降低水泥生产成本。

◆ 5G工业互联网的边缘计算技术架构

运营商可以利用其在 5G 网络边缘基础设施方面的优势，与云计算、物联网等技术相结合，面向 5G 工业互联网打造"云、管、边、端"协同的边缘计算服务，各部分的构成如图 11-3 所示。

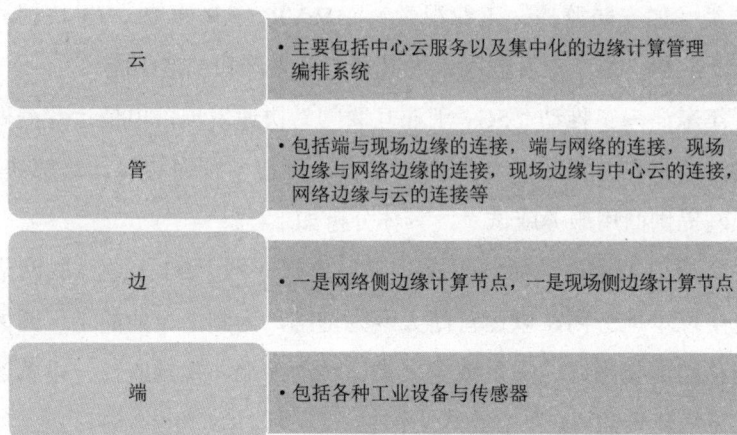

云	• 主要包括中心云服务以及集中化的边缘计算管理编排系统
管	• 包括端与现场边缘的连接，端与网络的连接，现场边缘与网络边缘的连接，现场边缘与中心云的连接，网络边缘与云的连接等
边	• 一是网络侧边缘计算节点，一是现场侧边缘计算节点
端	• 包括各种工业设备与传感器

图11-3　基于5G工业互联网的边缘计算技术架构

（1）云。"云"主要包括中心云服务以及集中化的边缘计算管理编排系统。其中，中心云服务包括两大部分，一是边缘计算节点的管理，二是设备管理、AI 训练、云端存储、镜像仓库等后台服务。

（2）管。"管"包括端与现场边缘的连接，端与网络的连接，现场边缘与网络边缘的连接，现场边缘与中心云的连接，网络边缘与云的连接等。其中，端与现场边缘的连接可以通过蓝牙、ZigBee 等短距局域通信协议实现。端与网络边缘、现场边缘与网络边缘的连接可以通过 5G 回传，在云端与边缘侧实现快速、低时延通信，包括边缘应用下发，将边缘应用的处理结果保存至云端，对视频数据进行云边协同处理等。在工业场景中，如果应用有线连接布线困难，可以尝试使用 5G 连接。

（3）边。边缘计算节点包括两部分，一是网络侧边缘计算节点，一是现场侧边缘计算节点。其中，网络侧边缘计算节点建立在 5G 和边缘计算的基础之上，不仅可以利用边缘计算进行本地分流，还可以利用边缘计算平台的服务架构与网络定位、防火墙等网络能力，在 MEP 平台部署边缘计算服务和应用，为工业企业提供数字孪生等数据分析和处理服务。

（4）端。"端"包括各种工业设备和传感器。"端"的部署方式有很多，包括"云＋网络边缘＋现场边缘＋端""网络边缘＋现场边缘＋端""云＋网络边缘＋端""云＋现场边缘＋端"等，可以根据实际情况自由选择。具体到"网络边缘＋现场边缘＋端"这种部署模式，"网络边缘节点"可以充当"中心云"这一角色。中心云服务借助边缘计算管理编排系统，在边缘侧部署，并借助边缘计算应用与服务方式执行。

在工业互联网领域，边缘计算是一项关键技术。目前，一些行业领先的供应商已经可以提供工业互联网边缘计算产品。在"5G＋工业互联网"发展应用的过程中，运营商不仅要将边缘计算作为网络边缘基础设施进行部署，还要提供数据分析、工业设备协议接入、智能处理等工业互联网边缘计算服务，并将其与自身的云、物联网平台相结合，打造"云、管、边、端"相协同的一体化服务。

● 04　5G 工业互联网应用的挑战与对策

目前，工业互联网已经成为 5G 应用的主战场，虽然发展速度极快，但在应用实践的过程中不免遇到一些困难与挑战，需要有针对性地制定各种应对策略。

◆ 5G商用对工业互联网提出三大挑战

5G 网络的规模化商用给工业互联网提出了许多挑战，具体表现在以下三个方面，如图 11-4 所示。

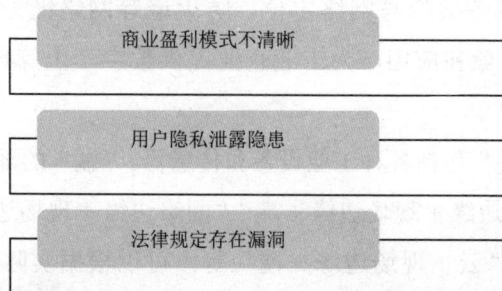

图11-4　5G商用对工业互联网的挑战

（1）商业盈利模式不清晰。目前，5G在工业互联网领域的应用还没有形成成熟的模式，因为在不同的应用场景，5G提供的网络带宽、网络维护服务不同。再加上，5G网络运营与维护成本比较高，将促使5G在工业互联网应用的计费模式和商业模式发生较大改变，短时间内无法形成成熟的商业模式。

（2）用户隐私泄露隐患。虽然5G网络引入虚拟化技术为用户共享资源带来了极大的方便，但由于虚拟化技术的网络边界比较模糊，个人隐私信息防护力度不足，面临着被窃取的风险。另外，相较于3G、4G网络来说，5G网络的接入方式很多，用户信息一旦上传到某个网络节点，就会在整个网络体系流动，可以在各个节点获取。未来，随着5G技术在各个垂直行业深入应用，用户信息泄露的风险将进一步增加。

（3）法律规定存在漏洞。法律可以约束、规范人们的行为。为了规范人们的上网行为，保证网络社会有序发展，我国出台了《网络安全法》；2021年，出台了针对个人信息保护的专门法律《个人信息保护法》。但随着5G实现大规模商用，为了满足用户个性化的网络需求，科技公司往往会要求用户提供更精准的信息。以5G To B应用场景为例，企业可能会面临终端接入风险，比如，非授权终端接入5G网络、滥用合法SIM卡接入、非法接入CPE并攻击网络、互联网／企业网入侵、控制工业终端和位置接入风险等。

进入 5G 时代之后，信息技术与互联网之间的联系愈发紧密。在信息技术的支持下，网络科技企业不断创新，可能研发出超出现有认知的智能服务，进而催生出超出法律规定的个人信息类型。在这种情况下，用户信息可能会面临极大的泄露风险。

◆ 优化5G商用促进工业互联网发展的建议

（1）探索新型商业模式。在 5G 网络环境下，工业互联网企业要与运营商密切合作，创新商业模式和计费模式，满足不同定制服务和应用场景的计费需求，积极推动工业互联网的发展，为 5G 运营商带来源源不断的收入。目前，由于 5G 网络服务成本较高，为了提高 5G 网络资源的利用率，降低 5G 网络应用成本，企业之间可以加强 5G 网络资源共享，减少网络基础设施的重复建设，推动 5G 网络高效发展。

（2）加强用户隐私信息保护。在网络技术层面，工业互联网企业要构建个性化数据信息保护模型，以满足不同应用场景对信息保护方式的需求，为用户隐私信息保护提供切实可行的方案。在这个过程中，工业互联网企业可以使用密钥、用户许可、访问控制等功能，保证用户隐私信息在网络传输、应用过程中的安全。除此之外，政府、社会要做好监管。首先，政府要出台相关法律法规，规范企业获取、利用用户信息的行为，切实保障用户利益。其次，虽然我国有社会监督，但因为缺乏专业性的社会组织，导致社会监督的效果往往差强人意。为了强化社会监督，我国可以尝试面向 5G 成立专业的社会监管组织，例如，计算机行业协会等。

（3）完善网络安全管理的法律法规。首先，政府要对 5G 网络环境中"个人信息"的性质做出明确界定，围绕 5G 技术应用开展前瞻性研究。其次，互联网企业要科学处理用户隐私信息保护与 5G 技术发展之间的关系，促使用户隐私信息保护与 5G 技术协调发展。最后，在 5G 网络高速发展的过程中，我国要建立与之配套的法律法规，对现有的不适应 5G 网络时代的法律法规进行修改，以满足高速发展的网络社会的需要。

第12章 工业AI：驱动智能工厂数字化转型

● 01 场景1：产品缺陷检测

随着人工智能技术不断发展，美国国家科学基金会智能维护系统中心提出了工业人工智能这一概念，试图将人工智能打造成一种可持续的工业能力，为工业制造过程中不断出现的问题提供有效的解决方案。

从本质上看，人工智能是一种智能机器学习算法。机器学习掌握了相应的方法与规则之后，可以应用于产品开发、组织生产、各类场景部署等。工业人工智能就是以人工智能为基础，以工业大数据、工业生产过程中积累的知识与经验为辅助，通过自感知、自比较、自预测、自优化和自适应形成可持续的工业应用能力，优化工业生产过程，降低工业生产的成本与能耗，提高工业生产的安全性等。

工业人工智能的发展目标也是实现规模化应用。虽然目前距离这一目标的实现还需要较长时间，但已经出现了一些成功的应用，证明人工智能可以对产品服务、生产运营、组织流程等业务场景进行重塑，打造一种具有颠覆作用的新业态，推动制造业转型升级。

下面我们首先来分析工业人工智能在制造业领域产品缺陷检测方面的场景应用。

深度学习在制造业的深入应用，将大幅提高产品缺陷检测的智能化程度。在深度神经网络的支持下，计算机系统可以高准确度地识别刮擦、裂纹、泄漏等产品缺陷。具体来看，产品缺陷检测用到了图像分类、对象检测和实例分割算法，由视觉检查系统来完成。在应用之前，视觉检查系统要经过一系列缺陷检测任务训练，以保证检测精度。在实际应用的过程中，视觉检查系统与高光学分辨率相机和 GPU 相结合，形成强大的感知能力。

可口可乐利用人工智能开发了一款视觉检测程序，可以对设施系统故障进行诊断，对生产线进行检测，发现问题之后及时将问题反馈给管理人员或技术专家，由他们采取解决措施。

基于此，未来，质量检测人员有可能被人工智能替代。

近年来，在技术人员的努力下，合成数据、迁移学习和自监督学习等新的检测技术不断涌现。在合成数据中，生成式对抗网络（Generative Adversarial Networks，GAN）数据生成工具会对通过质检员检测的图像进行检测，合成缺陷图像，用来对人工智能模型进行训练；迁移学习和自监督学习主要用来解决问题。随着数据不断积累，人工智能模型用于学习的素材越来越多，缺陷检测算法的准确度会越来越高。

在产品缺陷检测方面，模糊检测是一大难题。人类质检员在检查产品缺陷时往往会做出主观判断。如果几名质检员的主观判断存在分歧，就会产生模糊检测。

A认为产品上的划痕有问题，B认为这个划痕可以忽略不计，就会引发模糊检测。正因如此，人类质检员会存在20%～30%的误判率。某些情况下，误判率甚至会达到40%。人工智能通过使用实时更新的数字缺陷手册，在产品检测的过程中将与手册不一致的地方标记出来，来解决模糊检测问题。如，产品颜色与产品手册不一致，可以重新定义色差并进行纠正。

传统的预建模机器视觉系统面对生产环境以及缺陷标准的变化无法快速做出相应的调整，导致缺陷检测的准确率不高。工业人工智能则可以实时监控并跟踪上述变化，不断地收集数据进行学习、对新模型进行验证，以保证缺陷检测的准确性。

大规模制造企业的工厂、产品众多，可能产生数千个独特的人工智能软件模型，利用不同量级的特性缺陷图像对这些模型进行逐一训练显然不可行。在人工智能软件的支持下，每个软件组件都能实现系统开发、部署、跟踪和维护。即便是工厂遍布全球的跨国制造企业，主管人员也可以坐在办公室通过智能终端查看所有工厂产品的缺陷检测情况。

◉ 02　场景 2：设备预测性维护

在工业生产过程中，设备正常运行是工厂高效生产的前提。一旦设备发生故障停止运行，轻则导致整条生产线停产，重则导致整个工厂停产，会给企业带来巨额损失。因此，对于生产企业来说，做好故障检测，防止故障发生是重中之重。

工业设备有一定的生命周期，在运行过程中零部件老化、损坏是非常正常的事情。尤其是一些大型设备，因为零部件众多，而且运行环境比较复杂，导致故障发生率相对较高。如果维护人员不能及时发现设备故障，很有可能给工厂带来较大的财产损失，甚至有可能造成人员伤亡，后果严重。可见工厂做好对设备预测性维护的重要性。

预测性维护指的是通过收集设备在运行过程中产生的数据，对设备运行状态进行实时监测，预测设备故障预测，及时采取措施消除故障，对设备进行维护。通过有效的预测性维护，制造企业可以减少非计划性停产，提高产能，降低维护成本，使生产设备的可控性、生产系统的可用性得以大幅提升。

目前有三种机器学习模型可以用来对设备故障进行预测，如表 12-1所示。

表12-1　用于设备故障预测的三种机器学习模型

机器学习模型	主要功能
回归模型	用来预测设备的剩余使用寿命，即通过对设备的历史数据和静态数据进行分析，对设备发生故障之前的剩余时间进行预测
分类模型	用来在预定时间段内预测设备故障，即面向设备发生故障的时间开发一个模型，对设备在预定时间内发生的故障进行预测
异常检测模型	通过对此设备正常运行状态与故障发生后的运行状态，对设备故障进行预测，对故障设备进行标记

上述三种机器学习模型涉及数据采集与处理、状态监测、健康评估与RUL 预测、维修决策等众多技术模块。

具体而言，设备剩余使用寿命预测是基于设备退化机理模型实现的，或者利用人工智能技术对监测到的设备运行数据进行分析，发现设备退化的映射关系，将其与失效阈值进行比较，从而确定设备剩余使用时间分布，为管理人员做出维修决策提供科学依据。

工厂通过对设备运行数据进行监测分析，可以及时发现设备异常，并进行溯源，确定设备的健康等级，对设备的剩余使用寿命进行预测，然后整合工厂现有资源，结合智能优化算法帮助管理人员做出最佳维修决策，排除设备故障。

目前，在设备预测性维护方面，国内外已经有了一些成功案例。

西门子开发的基于工业大数据分析的预测性维护软件SiePA，通过分析设备历史运行数据，利用工业人工智能算法创建预测性维护系统，借助设备运行状态预测预警模块与智能排查诊断模块，不仅可以及时预测设备故障，还可以深入探究设备发生故障的原因，对设备维护提供科学指导。

ABB公司开发的船舶远程诊断系统可以实时监测船舶的电气系统，可以开展故障排除、预防性维护、预测性服务。该系统的应用使得ABB企业的工程师数量减少了70%，维护工作量减少了50%。

● 03　场景 3：工业生成设计

人工智能的功能不断丰富，表示它可以向更多领域延伸应用。工业生成设计就是人工智能在设计领域的创新应用。工业生成设计指的是利用机器学习算法围绕要设计的产品提供多种方案，为产品设计提供更多可能。在这个过程中，设计师可以自由选择质量、尺寸、材料、操作和制造条件等参数，生成各种各样的设计方案，从中选择一个最佳方案投入生产。

从某种程度上说，工业生成设计就是一种模仿自然化的设计方法，实现了人工智能与工业设计的深度融合。设计师不需要时时刻刻将设计思路存储到电脑上，可以将更多时间和精力投放到解决设计问题上。

在不断迭代的深度学习算法的支持下，工业生成设计软件的智能化程度有了大幅提升。一般来说，工业生成设计要基于生成对抗网络来实现。生成对抗网络由生成器网络和鉴别器网络组成。在工业生成设计中，生成器网络可以围绕产品生成很多新的设计方案，鉴别器网络可以将虚拟的生成设计与真实的产品设计区分开。

传统的设计师需要用计算机对灵感、创意进行渲染，通过图纸将设计方案显示出来。在生成设计中，计算机将改变单纯的工具属性，可以跟设计师一起参与产品设计，生成设计方案。生成设计可以借助云计算、人工智能等技术，基于录入的数据一次生成数以千计的设计方案。我们需要注意的是，生成设计不是凭空设计，而是需要基于海量设计素材进行人工智能训练，最终通过生成对抗网络算法来实现。

● 04　场景 4：柔性化生产与制造

柔性化生产是一种有别于传统的大规模量化生产的新型生产模式，可以基于消费者需求实现定制化生产。在具体应用过程中，柔性化生产会先利用各类传感器、机器视觉、测量设备等采集数据，然后对采集到的数据进行实时处理，根据处理结果制定生产决策，最后交由工业机器人、数控机床等智能化生产设备去执行。柔性化生产主要表现在以下七个方面，如表12-2所示。

表12-2　柔性化生产的七个方面

柔性化生产	具体表现
机器柔性	柔性生产可以快速响应不同类型的产品生产要求，即便是定制化的产品。另外，在生产过程中，非标终端设施可以快速更换，非标控制程序可以自动下载
工艺柔性	在生产流程不变的情况下，柔性化生产可以更快地适应产品或原材料的变化。例如，协作机器人与生产机器人的智能夹爪可以快速适应不同质量生产件的抓取要求，保证生产效率
产品柔性	在互联网时代，产品更新迭代的速度越来越快。柔性化生产系统可以快速组织产品生产线，满足新产品生产需求；最重要的是，重新组织后的生产线仍保持着对原产品可用特性的集成能力与兼容能力
维护柔性	柔性化生产可以采用多种方式对生产设备故障进行排查，保证生产线可以正常生产，典型应用就是对生产设备的预测性维护
生产能力柔性	柔性化生产可以找到一种最经济的方式应对突然改变的产量。在柔性化生产模式下，如果订单量发生改变，预留工位、循环流转工位、缓存工位、备料等也会做出相应的改变
扩展柔性	柔性化生产可以根据不断增长的生产需求拓展产线能力，甚至可以根据工艺流量增加生产工位，消除瓶颈工位，通过这些方式提高产能
运行柔性	柔性化生产可以组织不同的材料、工艺、设备生产同一类产品或者同系列产品，即便调整工序依然能保证生产质量与效率

此外，5G边缘计算在柔性化生产方面也具有非常重要的应用。比如，制造企业可以在数控机床和其他自动化工艺设备、物料自动储运设备中内置5G模组或5G网关，将设备接入5G网络，让设备实现无线连接，从而降低网络布线成本，提高生产线调整的灵活性。

制造企业可以综合运用5G网络与多接入边缘计算系统建设柔性生产线，

对生产过程进行实时控制，做好数据集成与互操作，保证生产安全和隐私，支持生产线根据市场需求快速调整。同时，柔性生产制造可以与企业资源计划、制造执行系统、仓储物流管理系统结合，对用户需求、产品信息、设备信息、生产计划等进行实时分析，对生产方案进行实时调整，以便达到最佳。

◉ 05 场景 5：能耗预测与低碳减排

在世界各国都在竭力推进碳减排的时代背景下，工业人工智能系统的能耗预测能力可以帮助工业行业实现碳减排。德国 Borderstep 研究所部署的预测性机器学习算法，可以节省 20% ～ 25% 的能源，这些能源可以加热 250 套公寓。

能耗预测最常见的机器学习方法是基于顺序数据的测量，需要用到自回归模型和深度神经网络。

- 自回归模型具有周期性、不规律性和季节性的特点，可以定义各种发展趋势。当然，自回归模型也有缺陷，为了弥补这种缺陷，实现精准预测，需要使用几种补充方法进行校正。在这方面，要素工程是使用频率最高的一种方法。要素工程可以将原始数据转化为关联要素，为预测算法指定任务，防止预测过程出现偏差。

- 深度神经网络适合用来处理大型数据集，快速找到匹配模式。经过特殊训练，深度神经网络能够自动地从大规模数据中提取特征。另外，递归神经网络可以对时间跨度较大的数据序列进行梳理，理解时间逻辑顺序，根据现有的数据对未来的发展趋势进行预测，用来提取内部存储数据。递归神经网络可以在自循环的过程中不断学习，发现更有价值的信息，在必要的条件下跳过上下文或者对上下文信息进行更改。

基于此，在人工智能的支持下，制造企业可以对能源消耗进行估算，对未来的能源消耗方式进行预测，提高绿色能源在所有能源中的占比，优化能源结构，真正实现节能减排。

IBM的人工智能研究团队尝试利用深度学习算法对海上风电场的故障进行预测，以便优化海上风电场的性能，降低能耗。在实验过程中，该团队利用海上风电场的温度、风速、湿度等数据训练模型，收集经过训练的模型数据，对海上风电场的能耗进行精准预测，同时降低涡轮机的维护成本，缩短因故障停机时间，增加绿色电力的产量。

对于工业企业来说，碳减排可以从以下三个方面着手，如表12-3所示。

表12-3　碳减排的三大措施

切入点	具体措施
对碳排放进行监测	工业企业可以利用人工智能技术对运营、生产、供应、物流等环节的碳排放进行跟踪，收集相关数据，并利用人工智能技术生成缺失数据的近似值，保证碳排放数据监测的准确性
对碳排放进行预测	工业企业可以利用人工智能技术，基于企业碳减排工作的进展、新的减排方法与未来的减排需求，对企业未来的碳排放进行预测，科学设置碳减排目标，保证碳减排目标可以顺利实现
减少碳排放	在人工智能技术的辅助下，工业企业可以提高生产、运输等环节的效率，通过效率的提升减少碳排放

我们以冶金行业为例，在工业领域，冶金行业的能耗占比极高，高能耗意味着高碳排放。为了帮助某钢铁企业减少碳排放，BCG在该企业的生产工厂布置了数千个传感器。这些传感器可以收集数十亿个数据点，并将收集到的数据输入控制系统，对能源需求进行准确计算，并对生产过程排放的废弃物进行实时追踪，从而减少碳排放。在BCG的帮助下，该企业的碳排放量减少了3%，并使生产成本减少了4 000万美元。

事实上，不仅工业企业可以利用人工智能实现碳减排，交通运输、能源行业、快消品行业、制造行业、公用事业行业等也都可以。

● 06 场景 6：智能化供应链决策

人工智能与机器学习在供应链领域的深入应用，不仅可以提高供应链管理的自动化程度，而且为认知管理的实现提供了无限可能。在机器学习算法支持下构建的供应链管理系统，可以对物料库存、入站装运、再制品、市场趋势、消费者情绪、天气预报等数据进行自动分析。而认知供应链可以找到最佳的解决方案，最终实现数据驱动。

人工智能的应用范围越来越广，产业之间的固有边界被打破，行业供应链面临着重构。在这个过程中，预测性分析在供应链所有流程中得以应用，机器人和无人机也在生产、配送环节得以应用，推动了数字制造、自动化配送、客户服务等技术的发展。在人工智能技术的加持下，供应链的指挥水平、数字决策能力得到了大幅提升。

人工智能可以对设备、云应用产生的海量运营数据进行处理分析，呈现出明显的物联化特征。过去，信息大多是人类创造的。未来，信息将由传感器、RFID 标签、计量器、执行器、GPS 等机器生成。仓库将具备自动盘点功能；集装箱也将具备货物自动检查功能；客户、供应商、IT 系统以及用于监视供应链的部件、产品和其他智能工具等将相互链接成为一个整体。这种广泛连接的供应链将对全球供应链网络协同规划和决策提供支持。

同时，在人工智能的赋能下，供应链决策的智能化水平也将不断提升，可以帮决策者更好地应对各种风险，对备选方案进行科学评估。智能系统还可以自动决策，减少人为因素的影响，提高响应速度以及决策效率。具体来看，整个认知供应链管理系统大致包括以下功能：需求预测、物流优化、仓库自控、客户支持、人力资源规划、供应链安全、端到端透明度与财务异常检测等。

虽然人工智能在工业领域的应用可以带来诸多好处，但对于人工智能在工业领域的应用前景以及投资价值，很多制造企业仍心存疑虑，给工业人工智能的规模化应用带来了一定的挑战。

第13章　数字孪生：从物理世界到数字世界

◉ 01　数字孪生的六大核心技术

2021 年 3 月，在新西兰奥克兰举办的第 36 届美洲杯帆船赛（America's Cup）展示了很多高性能 AC75 超高速水翼极限帆船，其中，新西兰酋长队的 AC75 帆船在研发过程中用到了数字孪生技术。新西兰酋长队与 Quantum Black 合作打造了帆船的数字孪生模型，利用人工智能对帆船以及帆船运动员在比赛过程中的表现进行分析，不断优化船体设计方案，并设计出更加合理的航行测试方案，将帆船的研发测试效率提高了 10 倍以上。

◆ 数字孪生的概念与发展

数字孪生是基于物理模型、设备的运行历史、传感器更新等数据，将物理世界的事物映射到虚拟的数字空间，是物理世界的数字化表达；可以帮助人们在数字化空间模拟物理世界，对物理世界可能发生的情况进行预测，根据预测结果做出科学决断，进而反馈到物理世界。

在数字孪生模型的构建过程中，人们要在物理世界与数字世界之间建立双向的数据沟通渠道，将物理世界的状态和参数反馈到数字模型中，真正做到数字孪生，并借此对物理世界进行实时评估与优化。

概括而言，一方面，在数字孪生的支持下，物理世界与数字世界之间可以形成虚实映射与双向交互，构建一个集数据感知、实时分析、智能决策、精准执行等功能于一体的全息实时智能闭环；另一方面，在数字孪生的支持下，运行状态、环境变化、突发扰动等物理数据可以与真预测、统计分析、领域知识等信息空间的数据相互交融，让物理世界的生产制造过程与信息世界保持同步，从而得到精准的全功能共振模型。

其实，早在 20 世纪 70 年代，数字孪生的概念就已经出现。在阿波罗 13 号事故后，NASA 就尝试利用数字孪生对航天器在太空中的各种场景进行模拟，帮助宇航员解决各种突发状况。经过几十年的探索与应用，目前，数字孪生技术已经成为一种智能化的基础设施，在工业、制造业、医疗、城市规划等领域实现了广泛应用，这一应用将对全球数字经济的快速发展产生强有力的推动作用。

◆ **数字孪生的核心体系**

数字孪生包括六大核心技术，分别是感知控制、数据集成、模型构建、模型互操作、业务集成、人机交互，如表 13-1 所示。

表13-1　数字孪生的六大核心技术

核心技术	主要功能
感知控制	一端连接物理世界，一端将物理世界向外界敞开，可以采集数据，并进行反馈控制
数据集成	将物理世界与虚拟世界紧密地连接在一起，支持异构设备和系统实现互联互通
模型构建	模型包括几何模型、机理模型、数据模型，其中，几何模型可以模拟物理实体形状，机理模型可以模拟已知（或经验）的物理规律，数据模型可以模拟未知的物理规律
模型互操作	可以将几何、机理、数据三大模型融合起来，从构建"静态映射的物理实体"转变为构建"动态协同的物理实体"
业务集成	可以打通产品的整个生产过程以及生命周期，打造一个贯穿商业全流程的价值链条，助力数字孪生价值创新
人机交互	在数字孪生系统中融入人的因素，通过人机操作向物理世界反馈控制指令，构建一个最佳的数字孪生闭环

近年来，数字经济引起了国家、企业的高度关注。在国家政策的支持

下，各个产业开始推行数字化升级战略，从各个维度、各个层面促使数字经济与实体经济相互融合，为经济高质量发展提供强有力的支持。2020年11月工信部发布的《数字孪生应用白皮书》对我国目前数字孪生的研究热点、产业发展情况、应用领域等进行深入分析，并收录了6个主流应用领域的31个典型案例。这6个主流应用领域分别是智慧城市、智慧交通、智慧能源、智慧建筑、智能制造、智慧健康。

作为一项可以提高生产效能，在各个领域实现广泛应用的工具，数字孪生凭借其在建模、数据采集、分析预测、虚拟仿真等方面的作用，通过与人工智能、5G、区块链等新一代信息技术相结合，可以为企业的数字化转型和升级提供强有力的支持，推动智能互联网时代快速发展。

● 02　产品全生命周期的数字主线

现阶段，在制造行业，数字孪生是一个非常热门的概念。设备制造商、技术服务商、数字化供应商都在尝试围绕数字孪生研发产品与寻找解决方案。在技术人员以及制造企业坚持不懈地探索下，数字孪生的技术合集不断加入"新成员"。

制造企业在数字化转型的过程中，可以根据自己的实际情况选择不同的数字技术，构建独属于自己的数字孪生体系，促使生产过程产生的数据在物理世界与数字世界之间自由流动，对业务流程优化提供有效指导，帮助制造企业不断改善产品研发流程，提高生产的自动化水平，打造一个智能化的生产体系，提高响应速度和效率，降低生产成本，提高整个生产流程的运作效率，进而提高产品质量。

在引入了数字孪生的企业，收集数据、数据分析、结果反馈这些流程随处可见。这些流程相互汇聚、交叉，逐渐成为覆盖产品全生命周期的数字主线。如果我们将引入了数字孪生的制造场景比作人体，那么，操作设备就相当于肌肉，数字孪生平台相当于大脑，数字主线相当于神经系统。

在实际生活中，人类要利用大脑的能力开展记忆、记录、分析、预测等活动；在虚拟的数字世界，数字孪生也可以通过对采集到的数据进行分析做类似的事情。

产品全生命周期的数字主线包括三大阶段，如图 13-1 所示。

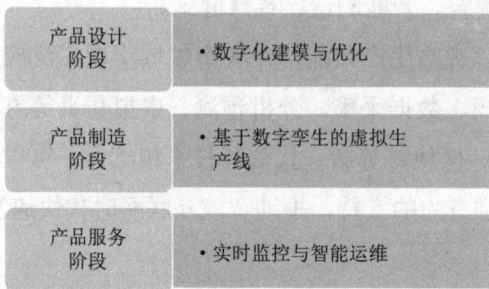

产品设计阶段	• 数字化建模与优化
产品制造阶段	• 基于数字孪生的虚拟生产线
产品服务阶段	• 实时监控与智能运维

图13-1　产品全生命周期数字主线的三个阶段

◆ **产品设计阶段：数字化建模与优化**

数字孪生技术可以利用数字模型设计、模拟和仿真功能，对产品外形、使用性能和机械性能进行仿真，在虚拟环境中对产品在实际应用领域的性能进行验证，帮助产品设计人员调整设计方案，优化产品设计，改进产品性能，降低生产成本。

制造企业可以首先利用传感器对相关数据进行收集，以数据为参照，利用数字化系统搭建三维模型，从而构建物理产品的数字孪生模型，对物理世界进行分析；然后用模型分析所得的数据指导产品三维模型的搭建与优化，并传递到数字化生产线指导物理产品的加工，这个过程就是数字世界对物理世界的反作用。

数字孪生还可以利用深度学习消除物理模型与数据驱动之间的鸿沟，对研究成果、行业报告、社交网络和大众媒体的外部数据进行处理利用，模拟产品的性能，辅助产品设计人员优化产品设计，降低产品设计成本。从某种程度上看，在数字孪生技术的支持下，物理世界可以与信息世界实现紧密融合。

◆　**产品制造阶段：基于数字孪生的虚拟生产线**

数字孪生技术可以缩短产品导入时间，提高产品设计质量，缩短产品生产周期，降低产品生产成本。在产品制造阶段，制造企业可以利用数字孪生技术打造一条虚拟的生产线，将产品的数字孪生与生产设备、生产过程的数字孪生相结合，实现生产过程仿真、数字化产线、关键指标监控和过程能力评估。

在数字化生产环境中，虚拟调试技术可以对工业机器人、自动化设备、PLC和传感器等生产线设备进行统筹安排，对生产线进行三维布局。工厂在现场调试设备之前，先利用数字孪生技术构建一个数字孪生模型，在虚拟空间对设备进行仿真调试，以便及时发现问题、解决问题，保证设备现场调试顺利进行。

此外，数字孪生还可以实现对生产过程的实时诊断与评估，以及对产品性能的精准预测。工程师利用机器学习算法对数字孪生模型进行训练，让其掌握优化物理系统的技巧和方法。机器学习算法通过分析实时监控获取的历史数据与未标记数据，可以发现异常的生产行为，从而优化生产计划，对生产过程进行改进与维护。

◆　**产品服务阶段：实时监控与智能运维**

随着物联网技术不断成熟，传感器成本持续下降。越来越多的工业产品开始使用传感器采集信息，并利用大数据、人工智能等技术对采集到的信息进行分析，来避免产品故障，进而改善用户的使用体验。在产品服务阶段，数字孪生可以对服务过程进行远程监控，对产品进行预测性维修，帮助客户优化生产指标，获取产品使用反馈。

数字孪生可以对处在生产状态的工厂进行模拟，让生产过程实现可视化，包括生产设备的运行状态、订单生产情况、产品质量、设备生产能耗等。如果设备发生故障，数字孪生可以立即提示故障类型，辅助工作人员快速解决故障，恢复生产。

数字孪生可以实时采集智能设备运行过程中产生的数据，进行仿真分析，了解智能设备的健康状态，对设备故障进行诊断与预测。如果工厂要调整生产方式，可以先将拟采取的生产方案生成数字孪生模型，利用仿真云平台进行验证。如果没有问题，工厂就按照该方案对设备运行参数进行调整。

企业可以利用数字孪生技术针对未上市的产品制作数字孪生模型，让消费者发表自己的意见与建议，然后根据消费者的反馈对产品进行修改，再投入生产，以保证产品上市后的销量。目前，这一技术已经在汽车制造领域有所应用，不仅用于数字营销，还被用来融资。

◉ 03　实时互联：打通数据的脉络

数据对于数字孪生来说至关重要。因此，制造企业在应用数字孪生的过程中，要做好数据采集、治理与应用。如果我们将数字主线比成中枢神经，那么，分散在各个终端的用于收集数据的传感器就是神经末梢。

设备是工业生产活动开展的基础。因此，制造企业想要引入数字孪生，必须对设备进行智能化升级。随着物联网在制造行业渗透应用，越来越多的终端设备制造商将会积极联网，在设备中嵌入智能传感器。

智能传感器可以按照一定的规律将搜集到的信息转化为电信号或者其他形式的信息输出，从而满足信息传输、处理、存储、显示、记录、控制等要求。智能传感器主要具备以下特点：微型化、数字化、智能化、多功能化、系统化和网络化。

随着传感器数量的增多，终端接口以及数据流通等问题逐渐显现出来。不同设备之间的数据想要相互流通，企业必须创建一个统一的平台，覆盖整个网络与设备协议，还要安装一个稳定、高效的网络中继。在工业场景中，普通的 Wi-Fi 网络很难满足智能设备的联网需求，企业必须引入 4G/LTE 和 5G 专用无线网络，保证网络传输的稳定性。

◆　**实时互联：打通数据的脉络**

随着物联网不断发展，数字孪生在制造行业深入应用。人工智能、机器学习、自动化和增强智能等吸引了越来越多的制造企业关注。但这些技术对网络要求极高，企业想要让这些技术在实际生产过程中发挥作用，必须创建一个低时延的网络。

在目前的技术条件下，4G/LTE网络是缩短数据传输时延、提高网络响应速度与效率的最低无线连接标准。在4G/LTE网络的支持下，数字孪生可以及时提供数据，快速响应运营商的需求。随着5G技术不断发展，数字孪生将获得更强大的网络支持，增添很多新功能，例如，时效性通信等，促使设备通信与控制同步进行。

除此之外，数字孪生还要考虑系统互联问题。为此，制造企业引入的各类生产设施所使用的协议或者标准要支持相互通信。为了满足这一需求，网络连接要支持简单的数据交换。至于系统间的通信，则需要工业连接器来承担。

◆　**边缘云：高效利用实时数据**

制造企业想要引用数字孪生，首先要做好数据采集与传递工作。对于很多制造企业来说，这一步并不难，难点在于数据治理和利用。

在工业场景中，大部分数据的有效期很短，需要实时处理。但传感器的数量越来越多，采集到的数据规模越来越大，再加上受网络带宽以及响应速度的限制，很多数据无法及时处理，最终只能失效，造成了极大的资源浪费。为了解决这一问题，制造企业需要引入边缘云技术，在工业现场建设边缘云，在边缘侧进行数据采集与分析，以提高数据处理速度与效率，缓解云端的数据处理压力，在云端与终端设备之间建立缓冲带。

诺基亚在芬兰奥卢建造的未来工厂，就在很多设备中嵌入了智能设备，利用专用（4.9G / LTE）无线网络将工厂内外资产连接在一起，并利用数字孪生技术在边缘云创建了数字化模型，对数据进行实时分析，为生产线优化提供科学指导。如，该工厂利用各种数据对生产环境进行监测。如果数字化模型发现生产环境的温湿度与设定的温湿度有偏差就会自动发出警报，提醒工作人员采取措施予以处理。

数字孪生还可以对设备产生的数据进行实时分析，提高错误检测速度与效率，帮助工作人员尽快纠正错误；还可以对监控装配过程进行实时监控，通过中央用户界面对机器的运行状态进行实时监控。诺基亚的这个未来工厂每天可以生产1 000个4G和5G基站，每年都会对生产线进行优化，将生产力提高30%以上，将产品交付时间节约50%，每年可以节约数百万欧元。

● 04 数字孪生的应用实践与典型案例

随着智能制造时代来临，数字孪生在军工制造、高端装备等领域得到了广泛应用。目前，德国西门子、法国达索、美国通用电气等公司都在数字孪生领域积极探索，生成了很多典型应用案例，具体分析如下。

◆ 西门子：将数字孪生融入数字化战略

在德国工业4.0战略下，近年来，西门子公司不断增加在数字孪生技术领域的研发投入，经过两年时间的研发与探索，已经将数字孪生纳入企业的数字化战略。

2017年年底，西门子公司发布了完整的数字孪生应用模型，涵盖了三大内容：一是数字孪生产品模型，可以利用数字孪生设计新产品；二是数字孪生生产模型，可以利用数字孪生对生产与制造过程进行规划；三是数字孪生体绩效模型，可以使用数字孪生技术对操作数据进行采集、分析，形成一个完整的解决方案，将西门子现有的产品容纳其中，包括Teamcenter、PLM等。

在车辆领域，西门子利用数字孪生技术将虚拟世界与现实世界连接在一起，对产品进行数字化设计、仿真和验证，促使电器与电子系统实现一体化集成。在数字孪生技术的支持下，西门子创新产品设计和制造模式，可以对产品生产过程、工厂布局、生产设备的选择、产品仿真与预测进行科学规划，不断优化、改善员工的工作环境。

◆ **空客：数字孪生提高企业自动化程度**

空中客车公司（简称空客）将数字孪生技术引入飞机组装过程，切实提高了飞机组装的自动化水平，缩短了交货周期。

例如，空客基于数字孪生技术，面向碳纤维增强基复合材料机身结构组装开发了大型配件装配系统，让装配过程实现了自动控制，保证剩余应力不会超过特定值。空客开发的这个数字孪生模型具有以下几大特点，如表 13-2 所示。

表13-2　空客数字孪生模型的三大特点

特　点	具体表现
建立数字孪生体的行为模型	空客基于数字孪生技术开发的装配系统不仅对各个零部件建模，还对各个组件的行为模型（力学行为模型及形变行为模型）等建模
建立不同层级的数字孪生体	空客基于数字孪生技术开发的装配系统不仅面向各个组件建立了数字孪生体模型，还面向系统创建了数字孪生体模型，用来进行系统设计，为装配过程提供预测性仿真
虚实交互与孪生体的协调工作	在这个装配系统中，一些定位单元配备了传感器、驱动器和控制器，不仅可以收集传感器数据，还可以与相邻的定位单元相互配合。传感器收集待装配体的形变数据与位置数据，然后将数据传输至定位单元的数字孪生体，由孪生体对相关数据进行处理，计算得出校正位置，对组件装配过程进行科学指导

◆ **GE：数字孪生将为企业带来更多收益**

为了能够准确地预测故障，通用电气公司（GE）在过去几十年间收集了很多资产设备数据，通过对这些数据进行挖掘、分析与应用，确实在很大程度上提高了故障预测的准确度，但无法判断故障成因。为了解决这一问题，通用电气公司开始探索应用数字孪生技术。

通用电气公司将现有的资产设备数据与模型相结合，基于 Predix 平台创建了一个通用的数字孪生体模型目录，涵盖了多个工业数据分析模型以及资产和流程模型，帮助用户利用通用模型构建新模型。通过对模型仿真、训练，进而构建数字孪生体，将模型投入现实场景或者云端运行后，再投入使用端，最后将产生的数据传回云端。

我们以风力涡轮机为例，基于 Predix 平台创建的通用数字孪生体必须有明确的对象，即某电厂某型号的风力涡轮机。其通用模型主要包括含有材料和组件细节的 PLM 系统信息、可以根据物理算法对行为进行预测的仿真模型、三维几何模型等。除此之外，通用的风力涡轮机模型还应该包含维护服务日志、缺陷和解决方案详情。

一般来说，风力涡轮机的生命周期很长，可以应对极端天气的冲击，并且可以跟其他涡轮机一起运行。因此，风力涡轮机建模应该涵盖整个风电发电厂。虽然涡轮机大体相似，但所处的位置，所面对的情况各不相同，包括风向、尾流效应等。通用公司通过不断变化的风力条件优化风力涡轮机，并协调不同数字孪生体之间的相互作用，在不更换硬件设备的前提下，将发电量提升了 5%。

4

|第四部分|

企业上云篇

云计算是企业数字化转型的基石，为了鼓励企业上云，国家出台了一系列政策。在政策的支持下、企业的努力下，我国云计算市场规模不断扩大，企业上云形成了"三步走"战略，取得了初步成效。

第14章 企业上云：赋能数字化转型的思考

◉ 01 云计算：企业数字化转型的基石

随着信息技术不断发展，云计算成为必然的发展趋势。企业上云将成为行业数字化转型的必经之路，在推动互联网、大数据、人工智能等技术与传统行业融合方面发挥强有力的推动作用。2014年，ISO/IEC标准化组织首次提出"云计算"这一概念，凭借按需自助服务、通过互联网获取、资源池化、快速伸缩和可计量五大特点，迅速成为一个热门概念，引发了世界各国的关注。

企业上云是指企业通过网络，将基础设施、管理及业务部署到云端，利用网络便捷地获取云服务商提供的计算、存储、软件、数据服务，以此提高资源配置效率、降低信息化建设成本、促进共享经济发展、加快新旧动能转换。上云是企业顺应数字经济发展潮流、实现数字化转型升级的重要路径。

◆ 快速响应：提升企业敏态竞争力

为了满足业务快速发展需求，企业上云成了必然选择。随着人工智能、5G等新一代信息技术快速发展，企业的信息化需求愈发多元化。IT产品的生命周期不断缩短，企业面临的市场竞争愈发激烈。为了在市场竞争中取胜，企业要尽量缩短产品研发生产周期，降低设计制造成本，提高产品质量，同时还要不断优化服务。

企业想要提高综合竞争力，做好信息化建设是关键。随着企业的发展速度不断加快，传统的信息化模式不再适用，云计算为企业提供了有效的解决方案。引入云计算之后,企业可以快速获取持续发展、灵活扩展的能力,以满足业务快速上线需求,提高企业创新速度。同时,在新兴技术的支持下,云计算也在不断发展变革。

例如,在容器搭配、容器编排技术的支持下,云计算可以赋予轻量化应用诸多功能,包括敏捷部署运行、灵活调度资源、实时发现服务等,为容器规模化、集群化管理提供可能;云计算通过微服务化整为零,对复杂的 IT 部署进行分解,将其分解为一个个体积更小、更独立的微服务,促使软件、硬件、基础架构向着轻量化的方向不断发展。另外,制造企业还可以利用 DevOps 构建工具链,提高软件产品的交付速度与效率。

◆　数据共享:实现企业高效协同管理

在云计算的支持下,企业可以提高自身的协同能力。目前,一些制造企业虽然推出了信息化战略,开始进行信息化建设,但初期因为没有科学预判未来的发展形势,没有根据企业的发展战略制定统一的规划,导致在信息化建设过程中出现了很多问题,例如,IT 系统种类繁杂、重复建设、孤立部署、系统间无法兼容互通等,无法打通信息资源,各类信息资源无法共享。即便完成了信息化建设,企业依然是"信息孤岛",根本无法提高信息系统的运行效率。

为了解决这一问题,企业可以利用云计算整合 IT 资源,建设标准化、规范化、智能化的 IT 模式,提高企业运行效率,促使各类信息实现共享,为协同办公的开展提供可能。同时,企业以云计算的分布式处理、分布式数据库、云存储、虚拟化技术、可扩展存储系统等为依托,使数据整合、挖掘与分析的实现成为可能。

◆　流程创新:驱动业务流程数字化

大数据、人工智能的快速发展,使得传统的信息系统架构逐渐失去了作用。随着信息技术快速发展,全球数据规模暴增,并且呈现出海量集聚的特点。在认识到数据的重要性之后,很多企业将数据视为一项重要的战略资源。同时,人工智能的快速发展引发了诸多变革。越来越多的企业希望利用大数据和人工智能联合的方式对制造、营销服务等环节进行优化，从而改造企业的业务流程，提高生产效率。

但是，在实际操作过程中，因为传统的信息系统架构无法支撑大数据和人工智能的发展与应用，所以企业利用大数据和人工智能提高生产效率的目标也很难实现，导致企业的数字化、智能化转型遇到了很多阻碍。

在云计算的支持下，大数据、人工智能等技术可以在企业推广应用，激发企业的创新活力。借助以云计算为基础衍生出来的大数据服务，企业可以更精准、更全面地发现用户偏好，为用户提供个性化的产品与服务。同时，企业可以通过云端的大数据处理获取更多用户，创新商业模式。随着云计算、大数据深入应用，企业可以利用人工智能技术，围绕设计、研发、制造、营销、决策、客服等环节开展业务创新，完成智能化转型与升级。

◉ 02 企业上云的发展现状与趋势

为了鼓励云计算快速发展，我国政府集中出台了很多政策，包括2015年1月出台的《国务院关于促进云计算创新发展培育信息产业新业态的意见》；2017年3月出台的《云计算发展三年行动计划（2017—2019年）》，2018年8月出台的《推动企业上云实施指南（2018—2020年）》。这些政策为云计算的创新发展提供了科学指导。

2018年8月，工业和信息化部印发《推动企业上云实施指南（2018—2020年）》，提倡明确企业上云路径，完善政策保障与支撑服务，推动企业上云。在该政策的指导下，我国多个省市发布了企业上云政策，制定了明确的工作目标，出台了重点举措，并相继推出财政补贴、优惠折扣等多种利好政策鼓励企业上云。

2020年4月，国家发展改革委、中央网信办联合印发《关于推进"上云用数赋智"行动　培育新经济发展实施方案》的通知，对进一步加快产业数字化转型，培育新经济发展，助力构建现代化产业体系，实现经济高质量发展具有重要指导意义。

◆　**企业上云行业结构呈现多元化和差异化**

在政策的支持下，在企业的努力下，我国云计算市场规模持续增长。目前，整个行业呈现出多元化、差异化的特点，具体表现在以下四个领域，如表 14-1 所示。

表14-1　企业上云的差异化

具体行业	差异化表现
政务领域	近年来，越来越多的政府接入云平台，无论是应用的深度还是广度政务云都远超其他行业。根据赛迪顾问发布的《2020—2021年中国政务云市场研究年度报告》显示，2020年中国政务云市场规模达到了653.6亿元，同比增长42.3%
金融领域	我国金融企业与机构正在逐步引入云计算技术与应用。据统计，目前，应用云计算技术的金融机构已经超过了40%。由于行业的特殊性，在应用云计算的过程中，金融机构大多比较关注政策符合性、数据安全性等问题
工业领域	在政策的引导下，我国很多城市开始建设工业云创新服务试点。工业云平台在我国各省市的应用率快速增长，工业云平台企业用户数量也逐年递增
能源领域	目前，我国电力企业的云平台接入率相对较高。在"智慧能源""云物大智"等战略的支持下，我国电力行业对云计算的应用将进入3.0阶段。届时，电力企业对云计算的应用将集中在三个领域，分别是智能电网、绿色电力以及配套电力大数据平台

◆　**大型企业上云水平较高，中小企业上云需求强烈**

目前，在我国上云的企业中，大型企业位于第一梯队。因为大型企业的规模比较大、业务比较多，业务范围可能遍及全球，上云可以满足其对业务实时性以及数据安全性的要求。我国大型企业的上云方式以建设私有云为主，主要目的是保证企业数据的安全。

但随着企业规模不断壮大，业务线与业务范围不断扩张，一些大型企业开始采用混合云架构模式上云，在保证数据安全的前提下，满足业务灵活互联网化部署的需求。同时，对于业务覆盖范围极广的大型企业来说，云网融合技术可以为其提供丰富的网络产品与服务，帮助企业在不同的云模式与业务场景下互联互通，满足企业网络灵活化、智能化的运维需求。

中小企业由于资金实力、技术储备有限，大多采用公有云模式上云。近几年，我国中小企业发展速度极快，在推动我国经济发展方面发挥了重要作用。但中小企业的 IT 技术能力普遍较弱，信息化开始的较晚，在很大程度上制约了其发展。

在这种情况下，中小企业引入云计算技术，接入工业云平台，借助云服务商提供的专业技术与服务，可以很好地解决传统 IT 架构下技术、成本以及安全等方面的问题。同时，凭借云计算灵活部署、敏捷交付、快速伸缩等特性，中小企业可以在稳定业务增长的同时，有效规避各种风险。

03　企业上云面临的五大挑战

在目前的形势下，企业想要实现数字化、智能化转型，提高创新能力和发展水平，接入工业云已经成为重要途径。然而，尽管企业上云已经成为数字经济时代不可逆转的趋势，但在这个过程中也面临着很多挑战，如图 14-1 所示。

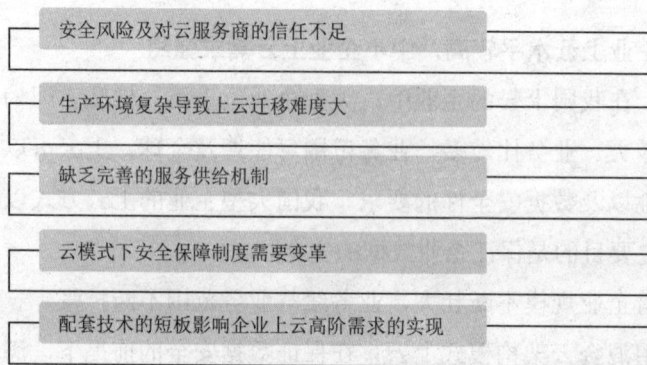

安全风险及对云服务商的信任不足

生产环境复杂导致上云迁移难度大

缺乏完善的服务供给机制

云模式下安全保障制度需要变革

配套技术的短板影响企业上云高阶需求的实现

图14-1　企业上云面临的五大挑战

◆　**安全风险及对云服务商的信任不足**

考虑到上云即将面临数据丢失、数据泄露、服务不稳定等问题，很多企业不敢上云。如果云服务商能力不足，无法保证云平台的数据安全，可能导致数据在传输、存储、应用的过程中发生泄露或丢失。一旦出现这种情况，再加上缺乏相关的数据恢复机制，可能会使企业资产蒙受巨大损失。在服务稳定性方面，云服务商可能因为网络故障、存在安全漏洞等原因，导致云平台上的服务不可用，给云上企业用户业务系统的连续性造成不良影响。

◆　**生产环境复杂导致上云迁移难度大**

制造企业发展时间越长，业务越多，生产环境就越复杂。无论通过什么方式上云，新建系统也好，对传统系统进行改造也罢，一旦准备不充分，很有可能导致整个项目被推倒重来。企业上云通常会遇到一些问题：

（1）企业上云涉及物理环境、云环境以及异构混合环境。由于源端与目标端的硬件存在一定的差异，源端使用了多种数据库、中间件、操作系统和应用，架构与应用之间的耦合度比较复杂，给企业上云造成了一定的障碍。

（2）企业上云需要消耗较长的时间。如果客户应用厂商无法为其提供强有力的支持，可能会给系统性能以及稳定性造成不良影响。

（3）企业上云过程无法保证数据的安全性、完整性，无法保证增量数据可以同步迁移至云端，也无法保证在最小停机时间内将数据连续迁移至云端。

◆　**缺乏完善的服务供给机制**

目前，在整个云计算产业，云服务提供商包括云平台服务商、云应用服务商、系统集成商和最终用户，彼此之间没有明确的界限，价值链分工也不稳定。虽然云服务商在努力提供解决方案，但相较于各行业业务的多样性以及个性化需求来说，两者之间还存在较大鸿沟。

作为服务的主要供给方，云平台服务商要与产业链的相关方加强合作，共同满足上云企业的服务需求。同时，传统软件和信息技术服务类企业要尽快转变角色，进入云服务提供方的队列，为用户提供更多类型的云计算产品，为上云企业提供更多选择。

◆ **云模式下安全保障制度需要变革**

在上云方面，企业最关心的就是安全性问题。目前，企业还没有在云环境下积累足够多的安全实践经验，继续使用传统的安全方案，可能会面临比较严重的安全问题。由于没有完善的安全制度，导致安全责任划分不清晰，尤其是随着 IT 决策权逐渐转移到业务部门，如果企业不赋予业务部门更多责任，而是一味地向 IT 部门问责，极有可能导致安全生产无法落地。在这种情况下，企业可以开展分级治理，减少成本投入，降低推广难度。

◆ **配套技术的短板影响企业上云高阶需求的实现**

很多企业选择上云主要是希望利用云计算为企业应用大数据、人工智能等技术提供支持，实现业务创新。但不少企业因为担心数据缺失，实际生产环境比较复杂，技术缺失，大数据、人工智能等技术很难在短时间内实现大规模应用等问题，导致企业迟迟无法做出上云决定。

例如，在智能制造领域，受端侧传感器计算能力不足、网络传输时延长、相关数据集缺失等条件的影响，导致智能制造只能实现平台上云。在智能驾驶领域，由于网络时延较长、高速公路实际情况复杂、其他基础设施不完善，导致智能驾驶只能停留在实验室或者路测层面，还无法推广应用。

◉ 04 企业上云"三步走"战略路径

企业上云可以分为三个阶段，分别是基础设施上云、业务上云和业务创新，如图 14-2 所示。

基础设施 上云阶段	• 对上云需求进行分析 • 明确IT系统上云的可能性，并对企业上云之后的成本进行预估
业务上云阶段	• 明确需要上云的系统，并对这些系统上云的优先级进行排序 • 上云后可产生明显的效益，建议尽快上云 • 非核心系统先上云，核心系统后上云
业务创新阶段	• 对SaaS应用进行重构，利用大数据、物联网、人工智能等技术对业务流程进行优化

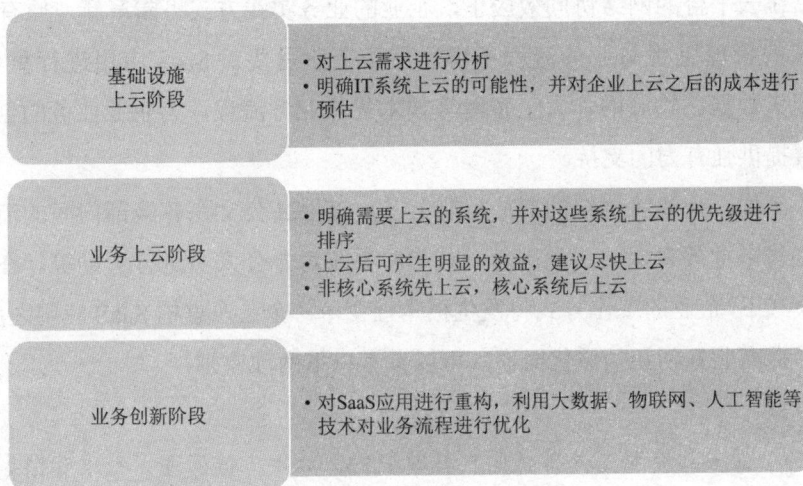

图14-2　企业上云的三个阶段

◆　**基础设施上云阶段**

在第三方机构或者云服务提供商的支持下，企业可以对各个 IT 系统的业务类型、使用方式、性能指标、系统关联关系、操作人员权限等进行梳理，对计算、存储、网络、数据库、安全资源的上云需求进行分析。根据 IT 系统的梳理结果，结合现有的 IT 资源，从业务发展需求、用户体验需求、各系统平台兼容性、系统安全性等方面切入，明确 IT 系统上云的可能性，并对企业上云之后的成本进行预估。

◆　**业务上云阶段**

业务上云首先要明确需要上云的系统，并对这些系统上云的优先级进行排序。排序过程可以参考以下原则：如果是需要新部署的业务系统，云服务商可以为其提供比较成熟的业务，为保证收益不建议对业务类型进行划分，首选云服务；如果是现有的信息化系统，上云后可以产生明显的效益，建议尽快上云；如果是现有的信息化系统，可以按照是否是核心系统来确定上云的优先顺序，非核心系统先上云，核心系统后上云。

◆ **业务创新阶段**

在云平台的网络协同效应下，企业的业务实践方式不断革新，原有 IT 系统的管理思想与业务流程不再适用。企业需要对 SaaS 应用进行重构，利用大数据、物联网、人工智能等技术优化业务流程，为企业业务的创新发展提供强有力的支持。

例如，企业将传统的 OA 系统上云，以提高公文在各级部门间的流转速度与审批效率，然后利用新一代 OA 系统对办公人员进行考勤等。在这种模式下，企业的工作方式将发生根本性变革。企业在重构 SaaS 应用之后，为了提高业务创新颠覆化概率，可以参考以下两项原则：

- 业务具有明显外部协同杠杆效应的，如供应链管理、精准营销等，这类业务的网络效应比较明显，连接的组织、人越多，网络效应、协同效应越明显。
- 业务自动化程度较高的，关键业务参数采集比较完整，业务运行机理与知识体系比较完整的。

随着上云工作稳步推进，我国的企业上云已经取得了不错的成果。虽然在这个过程中，企业要面临的问题比较多，但随着相关政策、配套措施不断完善，相信企业上云领域会涌现出更多成功的案例，使企业上云取得更好的进展。

第15章　工业云：制造企业"上云用数赋智"

● 01　工业云：打造工业经济新业态

作为一个新概念，工业云首次被提出是在 2010 年。2013 年，工信部推出"工业云创新行动计划"，将工业云这个概念推上了风口，成为工业化和信息化融合研究的热点，被视为制造业转型升级、提质增效的新路径，成为探索工业发展新模式、新业态的重要切入点。

下面我们对工业云的概念、工业云催生的新经济形态、工业云的发展趋势进行深入分析。

◆ 什么是工业云

工业云是通过互联网将可以共享的资源、业务能力整合在一起，让工业企业按需自取的一种供应模式。这里的资源包括计算资源、网络资源、存储资源、人力资源、装备资源、物料资源、知识资源、环境资源和数据资源。业务能力包括研发设计能力、采购能力、生产制造能力、检测能力、物流能力、营销能力、售后能力和其他能力。

在互联网行业，云服务已经成为重点发展对象。根据 IDC 发布的《全球及中国公有云服务市场（2020 年）跟踪》报告，2020 年全球公有云服务整体市场规模为 3 124.2 亿美元，同比增长 24.1%。中国公有云服务整体市场规模为 193.8 亿美元，同比增长 49.7%，全球各区域中增速最高。据 IDC 预计，到 2024 年，中国公有云服务市场的全球占比将从 2020 年的 6.5% 提升到 10.5% 以上。

◆ 　工业经济新业态

云计算、大数据、物联网等技术在工业领域的深入应用，将对制造模式创新、销售模式变革产生积极的推动作用，将催生社交营销、O2O、智能物流、互联网金融、移动电子商务等新兴服务业态，为区域产业结构优化调整提供强有力的保障。

云计算架构的工业云平台，能够为企业用户提供一体化的云服务解决方案，涵盖产品设计与研发、实验与仿真、工程计算、工艺设计、加工制造及运营管理等很多环节。常见的服务方式包括 SaaS（Software as a Service）云服务、IaaS（Infrastructure as a Service）云服务、PaaS（Platform as a Service）云服务等。

工业云建立在云计算技术的基础之上，可以让工业设计和制造、生产运营管理等工具变得通用、易用，帮助制造企业提高生产效率和生产质量。在工业云模式下，制造企业可以获得云化的工业设计、加工工艺分析、装配工艺分析、模具设计、机械零部件设计与性能分析、电磁场模拟等服务，降低产品研发设计成本，缩短产品更新换代周期，使产品性能大幅提升。

同时，制造企业可以借助工业云平台的 ERP（Enterprise Resource Planning，企业资源计划）、DMS（Dealer Management System，经销商管理系统）、PLM（Product Lifecycle Management，产品生命周期管理）等工具管理订单、制定生产计划、筹备生产材料等，切实提高管理效能。另外，制造企业还可以借助工业云平台深入挖掘生产设计、经营管理及用户交互过程中产生的数据，为企业研发、生产、营销、交易等活动找到科学依据。

◉ 02 　制造企业数字化转型的新动能

在我国，工业云概念出现以来就得到了政府层面的高度重视。为了推动工业云发展，中央政府出台了很多政策，各地方政府也出台了相关规划。随着新基建布局的逐渐清晰，工业云已经成为我国智能制造领域的新型基础设施，助力企业数字化、智能化转型，提高生产能力与生产效率，提高核心竞争力。

◆　**资源高效利用**

在工业云平台的支持下，企业各项资源与业务能力可以优化整合，为数据处理、智能分析提供有效工具。企业工业云平台建设的不断推进，各项功能的不断完善，可以对存储资源、计算资源、数据资源、生产资源等资源进行集中管理，对资金流、信息流、物流、服务流进行整合，并与其他企业共享。

◆　**互联与集成**

工业云不是孤立存在的，它可以让企业与各行业、各项技术建立充分连接，将企业资源与业务能力整合在一起，从技术和信息两个层面打破传统制造企业之间的壁垒，提高制造企业整体的产品研发生产能力和服务能力。同时，不同的工业云之间也可以相互连接，共享信息，构筑工业行业整体的信息化格局，为制造企业提供更专业的服务。

◆　**新技术融合**

工业云集成了很多先进技术，包括人工智能、数字孪生、虚拟现实、增强现实、区块链等，推动了工业行业的转型升级。作为工业大数据的基础设施，工业云促使人工智能在工业领域快速渗透，极大地提高了资源分配效率与企业的决策能力，并对整个生产过程进行了优化。

未来，工业云将与云计算、工业物联网、工业大数据、工业软件、虚拟现实、增强现实、人工智能等技术相融合，在研发设计、生产制造、市场营销、售后服务等环节深入应用，推动工业企业全面转型升级。

在未来很长一段时间，云计算、大数据将在新一轮产业革命中扮演重要角色，将与移动互联网、物联网、人工智能技术相互协同，共同推动互联网在传统工业行业渗透应用，推动传统工业企业与互联网深度融合，催生更多新产品、新技术、新模式。在此形势下，工业各细分行业之间的壁垒将被彻底打破，行业边界将变得愈发模糊，工业经济将迎来一种全新的发展模式。

◉ 03 工业云的关键技术与发展趋势

近年来，随着新一轮产业革命席卷全球，制造业重新回归人们的视线，成为全球经济发展的重心。在互联网环境下，随着人工智能、大数据、5G等新一代信息技术融入制造业，传统制造业进入数字化、智能化转型升级阶段。在这个过程中，工业云平台逐渐兴起、完善，成为支撑工业发展的核心力量。我们下面对工业云的关键技术与未来的发展趋势进行分析。

◆ 网络通信

对于工业云来说，网络通信技术是一项重要的基础性技术，包括工业网络IP化、泛在的无线网络连接、工业设备网络互连、工业网络灵活组网等。在稳定、高效的网络通信技术的支持下，工业云可以提供可靠、可用、可扩展的工业云服务。未来，网络通信技术的发展将呈现出以下几大趋势，如图15-1所示。

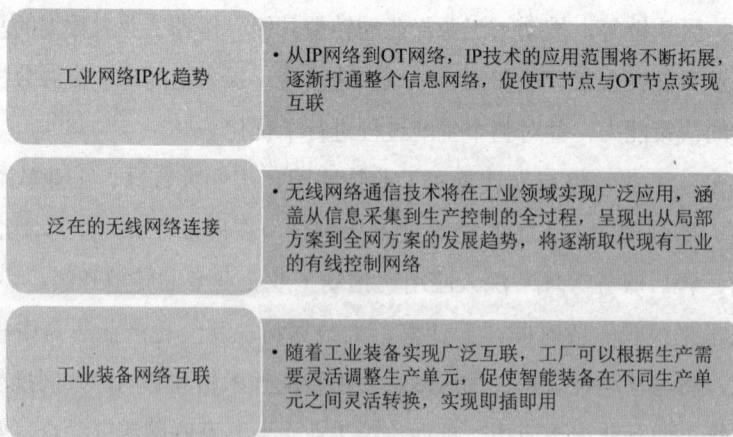

工业网络IP化趋势	• 从IP网络到OT网络，IP技术的应用范围将不断拓展，逐渐打通整个信息网络，促使IT节点与OT节点实现互联
泛在的无线网络连接	• 无线网络通信技术将在工业领域实现广泛应用，涵盖从信息采集到生产控制的全过程，呈现出从局部方案到全网方案的发展趋势，将逐渐取代现有工业的有线控制网络
工业装备网络互联	• 随着工业装备实现广泛互联，工厂可以根据生产需要灵活调整生产单元，促使智能装备在不同生产单元之间灵活转换，实现即插即用

图15-1 网络通信技术的三大发展趋势

（1）工业网络 IP 化趋势。随着工业网络通信技术不断发展，工业以太网逐渐取代现场总线，具备以太网物理接口的网络将逐渐主导工业场景内的有线连接。同时，工业以太网标准将逐渐趋于统一，促使各类数据与信息实现同口传输。

随着以太网应用范围的扩大，工业网络将呈现出明显的 IP 化趋势。从 IP 网络到 OT 网络，IP 技术的应用范围将不断拓展，逐渐打通整个信息网络，促使 IT 节点与 OT 节点实现互联。为了满足大批量 IP 装备接入工业网络的需求，IPv6 技术将实现广泛应用。

（2）泛在的无线网络连接。无线网络通信技术将在工业领域广泛应用，涵盖从信息采集到生产控制的全过程，呈现出从局部方案到全网方案的发展趋势，将逐渐取代现有的工业有线控制网络。目前，无线技术主要包括 Wi-Fi、Zigbee、2G/3G/LTE、WIA-PA 等技术，主要用于采集信息，开展非实时控制，促使工厂内部实现信息化控制等。未来，在无线技术的支持下，智能装备、物料、传感器等工业生产要素将与智能产品实现广泛连接。

（3）工业装备网络互联。目前，工业装备的网络互联刚刚起步，只能采集装备数据并完成统计、分析、传输等操作。未来，随着工业装备实现广泛互联，工厂可以根据生产需要灵活调整生产单元，促使智能装备在不同生产单元之间灵活转换，实现即插即用。

◆ 协同集成

协同集成是对工业云的各类信息、资源进行整合，让它们相互协同，产生"1+1>2"的效果。在工业数据集成技术的支持下，工业云平台上的数据可以高度整合，为基于工业云的智能化生产提供强有力的支撑。随着工业云平台运行效率的不断提升，基于软硬件系统集成的供应链协同优化技术将应运而生。在这些技术的支持下，工业云可以为工业企业提供互联化、智能化、数字化、物联化、服务化、协同化和定制化的工业应用服务。未来，工业云领域的协同集成技术将呈现出以下发展趋势，如图 15-2 所示。

工业数据集成技术	· 工业数据收集、存储、分析、应用的效率将不断提升，数据传输速度也会越来越快，进而满足实时传输的要求
工业系统集成技术	· 装备集成技术为生产自动化、柔性化、智能化奠定了良好的基础
基于软硬件系统集成的供应链协同优化技术	· 基于软硬件系统集成的供应链协同优化技术将向着综合集成的方向发展，打破企业边界，推动业务流程与生产经营模式发生巨大变革

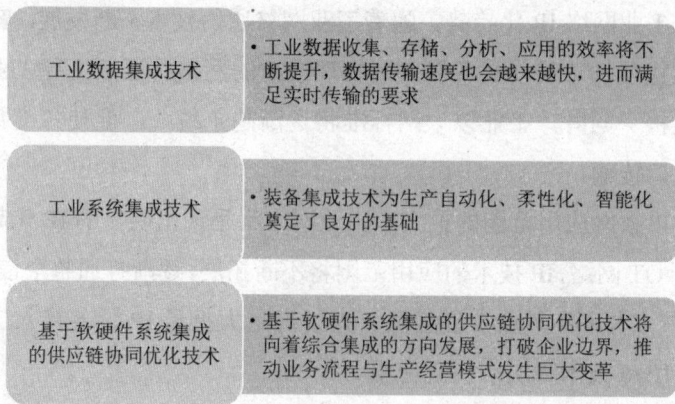

图15-2　工业云领域的协同集成技术的三大发展趋势

（1）工业数据集成技术。随着协同集成技术不断发展，工业云将产生海量不同类型的工业大数据。这些数据对实时处理的要求比较高。因此，随着以工业传感器、RFID、条形码、工业自动控制系统为基础的数据集成技术不断发展，工业数据收集、存储、分析、应用的效率将不断提升，数据传输速度也会越来越快，进而满足实时传输的要求。

（2）工业系统集成技术。工业云要求工业系统实现高度集成。工业系统的发展离不开工业系统管控技术的支持。在网络信息流动管控技术的支持下，工业控制网络可以与数据网络无缝对接。除此之外，装备也是工业系统的重要组成部分。装备集成技术为生产自动化、柔性化、智能化奠定了良好的基础，装备分布式控制技术也为装备的网络化集成与控制提供了强有力的支持。

（3）基于软硬件系统集成的供应链协同优化技术。工业云可以在研发、生产、销售、物流、产品等环节实现广泛应用。在工业云环境下，企业凭借基于软硬件系统集成的供应链协同优化技术，可以对各类资源进行优化配置，促使系统高效运行。未来，基于软硬件系统集成的供应链协同优化技术将向着综合集成的方向发展，打破企业边界，推动业务流程与生产经营模式发生巨大变革。

◆　**服务能力**

工业云的服务能力包括三大类。一类是建立在研发设计能力、采购能力、生产制造能力、检测能力、物流能力、营销能力、售后能力基础上的工业应用服务；一类是建立在平台能力基础上的平台服务；一类是建立在软硬件能力基础上的基础设施服务。

在不断发展的工业云业务能力技术的支持下，工业云可以为用户提供更便捷、更优质的工业云服务；在不断发展的工业云资源共享和调配技术的支持下，工业云可以实现包括工业云服务设计、部署、交付、运营、采购、使用等在内的工业云服务管理。下面我们对工业云服务能力的发展趋势进行具体分析，如图 15-3 所示。

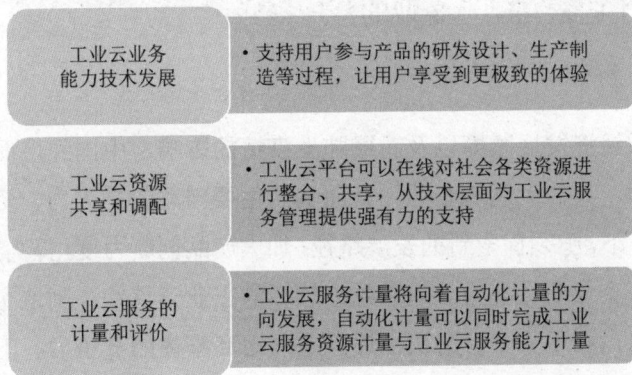

工业云业务能力技术发展	·支持用户参与产品的研发设计、生产制造等过程，让用户享受到更极致的体验
工业云资源共享和调配	·工业云平台可以在线对社会各类资源进行整合、共享，从技术层面为工业云服务管理提供强有力的支持
工业云服务的计量和评价	·工业云服务计量将向着自动化计量的方向发展，自动化计量可以同时完成工业云服务资源计量与工业云服务能力计量

图15-3　工业云服务能力的三大发展趋势

（1）工业云业务能力技术发展。工业云在研发设计、生产制造阶段，逆向建模、VR 虚拟现实、AR 增强现实、集成化设计等技术将实现快速发展，一些新产品、新工艺、新设备也将在工业云服务领域广泛应用。在这些技术的支持下，用户可以参与产品的研发设计、生产制造等过程，享受到更极致的体验。

（2）工业云资源共享和调配。工业云在设计、部署、交付、运营、采购、使用等阶段，需要优先发展云端封装、接入、调用等技术，主要用来满足各类资源与需求端的封装、接入、调用需求。工业云平台可以在线实现社会各类资源的整合、共享，为用户提供涵盖了研发设计、采购、生产制造、检测营销等各个环节的服务，支持海量资源与业务能力在线展示检索、访问、匹配、调度、支付，从技术层面为工业云服务管理提供强有力的支持。

（3）工业云服务的计量和评价。工业云的主要功能是为用户提供优质、高效的工业云服务，在这个过程中需要对工业云服务进行计量与评价。未来，工业云服务计量将向着自动化计量的方向发展。自动化计量以工业云服务计量模型为基础，可以同时完成工业云服务资源计量和工业云服务能力计量。除此之外，用户对工业云服务的动态评价也将得以推广应用。

● 04　工业云在制造企业的落地策略

受全球经济发展萎靡以及新冠肺炎疫情的影响，中国经济面临着巨大的下行压力。具体到制造企业，其面临的主要问题就是人力、资源、运营成本居高不下，亟须探索新的发展路径，加大产品创新力度，提高产品质量，进一步提高企业的竞争力。随着越来越多的工业云落地，制造企业开始向云平台迁移，利用云平台解决上述问题，提高整体的竞争力。下面我们对制造企业落地应用工业云的策略进行探究。

◆ 制定差异化的"企业上云"路线图

围绕工业和信息化部"百万企业"上云工程，各地要研究制定差异化的政策措施与具有较高可行性的操作指南。

（1）制造企业可以将"企业上云"战略与自身的数字化转型战略相结合，积极上云，提高自身的信息化水平和综合竞争力。

（2）中小制造企业根据实际需求对云计算资源、平台支撑、解决方案、应用软件等进行采购，在企业内部初步应用云计算，来降低信息化建设成本，推动研发设计、生产制造、营销服务模式快速创新。

（3）大中型制造企业通过互联网化、智能化对云计算进行深度应用，推动研发工具、制造系统、管理软件、仿真系统以及数据存储、治理、挖掘、分析能力接入工业云，将智能设备、工业云平台、应用 App 连接在一起，打造智能制造生产模式。

◆　大范围组织工业云现场对接会

想要推动企业尽快接入工业云，关键在于推广相关应用。为此，我们可以定期组织工业云现场对接会，鼓励企业分享成功经验与模式，加深企业对工业云的认知，更加积极主动地接入工业云，具体方法如图15-4 所示。

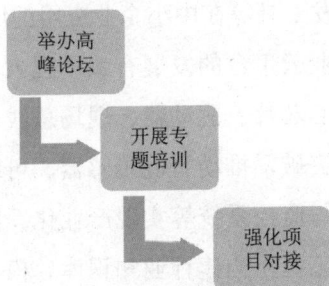

举办高峰论坛

开展专题培训

强化项目对接

图15-4　组织工业云现场对接会的三种方法

（1）举办高峰论坛，向企业介绍与工业云有关的最新政策和产业发展趋势，对工业云建设路径和发展措施进行商讨，鼓励制造企业尽快探索形成建立在工业云基础之上的生产、经营和管理新机制。

（2）开展专题培训，围绕工业云架构设计、关键业务系统上云、数据安全及风险应对等问题对制造企业现场教学，帮助制造企业更全面、深刻地认识工业云，更积极主动地应用工业云。

（3）强化项目对接，组织展览展示、现场体验等，将工业云在设计、制造、服务等环节的应用清晰明了地展示出来，打造一批私有云平台、公有云平台、应用解决方案等方面的成功模式，树立典型，供其他制造企业仿效。另外，我国制造企业要打通供需对接渠道，鼓励解决方案供应商开发更多专业化的工业云解决方案，满足制造企业的上云需求。

◆ **狠抓平台服务能力建设**

我国制造企业要抓住工业云平台发展的战略机遇期，培育平台、打好基础、创建生态，提高工业云平台的发展水平，以工业云平台为基础打造制造业生态。

（1）培育平台。制造企业要以重点行业的重点企业为基点，培育一批具有国际竞争力的国家级、行业级、企业级工业云平台，为特定行业的企业提供云制造服务，帮助制造企业全面提高虚拟设计、柔性制造、智能服务能力。制造企业要立足于区域产业的特色化、差异化发展，不断扩大数据采集、工业软件、开发工具等在中小企业应用的广度与深度。

（2）打好基础。工业云平台的发展有赖于强大的基础。为此，政府需要鼓励企业不断地在核心芯片、驱动器、现场总线、工业以太网等关键器件与技术领域取得重大突破，推动智能传感器、可编程逻辑控制器、分布式控制系统、数据采集与监控系统等实现产业化。同时政府要在整个制造业推行工业技术软件化工程，构建行业知识库、模型库、零件库、工艺库和标准库，为工业云平台的发展打造一个良好的软件开发环境；鼓励制造企业研发工业 App，打造共享平台，促使工艺模型、知识组件、算法工具开放共享，构建集产业、技术、人才于一体的支撑体系，支持工业 App 与企业用户数量双迭代。

（3）创建生态。制造企业要以产业生态系统建设的核心要素与关键环节为核心，充分发挥行业联盟的作用，将产、学、研、用各方连接起来，充分调动各方的积极性，相互合作共同打造面向工业云的技术、产品、系统和平台，打造多方共同参与的利益共同体，以工业云平台为基础构建产业生态良性发展机制。

◆ **加快完善急用先行的标准规范**

企业上云首先要统一工业云平台的标准。政府要遵循重点突破、急用先行的原则，根据制造企业对工业云的实际需求，制定相关标准与规范，引导工业云平台的建设、运营、管理、服务实现标准化和规范化。

（1）政府要立足于工业云的标准化需求搭建工业云标准体系，研究制定工业云发展路线图，推动技术标准、技术研发、实验验证、应用推广等工作全面展开。

（2）政府要面向工业云的标准化建设编制指南，涵盖共性基础、安全管理、资源共享、服务能力等内容。围绕钢铁、石化、航空等重点行业的工业云平台建设编制行业应用指南，特定技术标准和管理规范，鼓励云服务企业参与制定工业云国际标准，推动具备竞争力的工业云计算与产品走出国门，努力将中国标准打造成国际标准。

（3）政府要努力建设工业云标准，推动标准推广应用，建设工业云标准测试验证平台，为重点省市的标准培训与贯彻应用提供强有力的支持。

第16章 工业互联网云平台与信息安全建设

◉ 01 通用电气：Predix 平台

通用电气（GE）开发了全球第一个专门用于工业数据分析的 Predix 平台，该平台也是全球唯一一个针对数字孪生进行优化的平台。Predix 平台是一个建立在云的基础之上的 PaaS 系统。在多年的发展过程中，该平台的功能不断完善，实现了边缘、平台、应用的集成应用，不再是一个单纯的数据平台。Predix 平台开放之后吸引了很多软件开发者入驻，逐渐形成了"工业社区"，在众多软件开发者的努力下催生了很多新的工业应用程序，推动了工业数字化创新。GE 的 Predix 平台主要有以下优势。

• Predix 平台熟悉行业发展动态，在制造、发电等行业深耕多年，积累了丰富的经验，可以满足行业发展的个性化需求；

• Predix 平台每天可以监测和保护与工业资产有关的 5 000 万个数据元素，防止意外停工事件发生；

• Predix 平台可以借助常用控件，让平台符合大多数国家与国际监管机构的规定；

• Predix 平台的安全功能强大，连接性极强，可以在网络边界连接任何工业资产，无须担心安全问题；

• Predix 平台可以规模化地管理工业数据，满足工业数据多种类、高速率、大容量的存储需求；

- Predix 平台可以利用物理与工程基础模型、统计与启发式模型处理工业数据，还可以通过各个业务流程不断地汲取新知识、新内容。

Predix 平台旨在构建端到端的信任关系，保障工业云平台信息的安全。目前，Predix 平台已经结合安全认证、专业知识、硬软件等创建了一个全面的安全战略，为制造企业提供了一个信任环境，主要策略如图 16-1 所示。

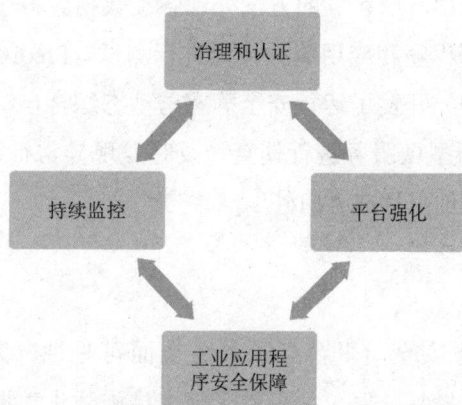

图 16-1　Predix平台创建信任环境的四大策略

◆　治理和认证

工业互联网平台经常处理一些敏感信息，治理和认证就是保证这类信息安全的重要支柱。Predix 平台没有将治理和认证分层加入既有的信息技术数据流程，而是直接对其进行整合，构建了一个端到端的安全治理体系，为每个终端用户的数据获取、分析与应用提供安全管理服务。

◆　平台强化

在对云技术进行评估时，制造企业往往会将关注点放在嵌入系统正常功能的计量性和可见性水平方面。GE 在开发 Predix 平台时对每个层与连接点进行了强化，将不必要的服务、应用程序、网络协议等去除，添加自动和手动的控制方法，及时发现系统漏洞并进行修复，使用通用标识和分层标识，创建了一个洁净的运行环境，切实保障信息安全。

◆　**工业应用程序安全保障**

Predix 平台通过内置安全、治理与隐私网络保护，创建了一个安全的软件开发环境，可以免受开发人员或应用程序的影响。Predix 基础设施团队面向所有的应用程序和微服务执行完整的开发运行安全流程。

在整个过程中，Predix 的主要功能就是为开发人员提供可用的工具，创建安全的工作流程，用科学的方法处理各类数据，科学评估应用程序用户，不断地对应用程序和应用编程接口进行测试。Predix 平台为了让新代码尽可能保持洁净，开发了运行安全静态与动态综合自动测试，同时会对进入开发区域的新型微服务进行调查，及时发现异常行为或者可疑行为，尽可能地将恶意软件阻拦在"门外"。

◆　**持续监控**

为了保证信息安全，平台必须具备全面可见性。为了做到这一点，Predix 平台持续监控每一层，并采取了很多措施防止数据丢失，对来自外部的恶意软件进行持续监测，辅之以应用程序与微服务保证了平台的全面可见性，甚至将这种可见性延伸到了与操作技术环境交流领域。另外，为了保证客户安全，Predix 平台还为安全运行团队创建了一个"热图"仪表盘，并对应用程序与数据层进行控制。

● 02　ABB 集团：Ability 平台

ABB 集团利用自己从设备到边缘计算到云的跨行业、一体化的数字化能力开发了 Ability 平台。这是一个一体化的工业互联网平台和云基础设施，工业设备装机量位居全球第一，连接了 7 000 万台数字化设备、7 万套数字化控制系统，可以提供 6 000 个企业软件解决方案。

Ability 平台借助 ABB 集团在技术、工业和数字领域积累的专业知识与经验，支持企业灵活利用工业数据，整合各类工业数据，与更多行业数据相结合，对数据进行深入挖掘，从中获得有利于改进绩效、提高生产效率的方案。

Ability 平台使用的是微软的 Azure 开源云平台，可以与 IBM Watson 物联网认知计算技术相结合，为客户提供先进的跨行业数字化解决方案，为客户提供定制化的报告，帮客户提高生产效率，在问题发生之前做出预判，有效防范各种风险。Ability 平台的安全服务主要表现在以下三个方面，如图 16-2 所示。

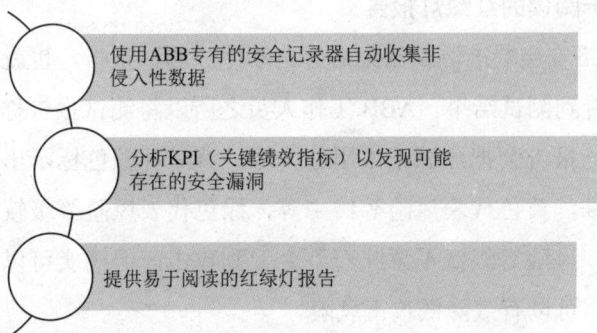

图16-2　Ability平台的安全服务表现

◆ **使用ABB专有的安全记录器自动收集非侵入性数据**

ABB 网络安全基准测试可以在不侵入控制系统的情况下，对网络的安全状况进行检测。ABB 网络安全基准测试是保证网络安全的第一步，可以全面收集系统数据，通过数据分析与处理发现安全策略、程序、协议和计算机设置中存在的容易遭到攻击的点。它的数据收集的运行优先级比较低，不会给系统运行带来额外的负担，完成检测后会输出一个红绿灯报告，按照严重程度进行排名，以便相关人员快速发现风险，及时做出响应，为网络安全提供多重保护。

◆ **分析KPI（关键绩效指标）以发现可能存在的安全漏洞**

ABB 网络安全基准可以对以下 KPI 指标进行分析，以最快的速度解决问题。

（1）程序和协议：在这一指标下，ABB 网络安全基准可以对指令与政策的可用性、一致性进行分析。

（2）安全策略：遵守系统实施策略，ABB 网络安全基准可以在中央服务器上强制执行或者在单个计算机上执行。

（3）计算机设置：ABB 网络安全基准可以在每台计算机系统上进行设置，或者安装相应的应用程序。

◆ **提供易于阅读的红绿灯报告**

ABB 网络安全基准测试结束后会自动生成测试报告，也就是红绿灯报告，让用户看到测试结果。ABB 工作人员之所以将测试报告称为红绿灯报告，是因为该报告会把测试结果用红、绿、黄三种颜色标示出来，红色代表风险等级高，黄色代表风险等级中等，绿色代表风险等级较低。用户需要注意的是，风险等级低不意味着不会受到攻击，但确实可以证明系统的安全性较好，可以有效降低攻击风险。

● 03 航天云网：INDICS+CMSS 平台

我国工业互联网领域的领军者航天云网公司创建了 INDICS+CMSS 工业互联网公共服务平台。该平台包括平台总体架构、平台产品与服务、智能制造、工业大数据、网络与信息安全五大板块，致力于推动互联网与智能制造深度融合，为用户提供"一脑一舱两室两站一淘金"（包括企业大脑、企业驾驶舱、云端业务工作室、云端应用工作室、小微企业服务站、企业上云服务站和淘金产品）服务，同时打造了一个自主可控的工业互联网安全生态环境，面向互联网经济全力发展新业态、新模式，创建基于云制造的产业集群生态,推动了我国"制造强国"的建设。

INDICS 云平台使用业界主流的开源 PaaS 云平台 Cloud Foundry 基础架构作为底层基础架构,支持工业云能力拓展,同时自行创建数据中心,为 IaaS 层和 PaaS 层提供基础云服务。

CMSS 支撑环境主要支持企业的应用服务在云制造模式下实现动态集成与协同,包括区块链企业认证与基于区块链的制造服务动态集成,以及涵盖了 CPDM、CRP、CMES、CRTI 的基于数字孪生的业务智能协同,可以让工业软件与模块按照不同的价值组合在一起。

INDICS 云平台应用 APPs 层由两部分组成,分别是工业应用 APPs 和生态应用 APPs。其中,工业应用 APPs 主要提供智慧研发、精益制造、智能服务、智慧企业等 App 应用,支持智能化改造应用和生态企业管理应用;生态应用 APPs 主要提供企业智能化改造应用、企业云端协作应用和企业生态应用等 App,支持企业智能化改造应用、企业云端协作应用和企业生态应用。

航天云网公司创建的 INDICS+CMSS 工业云平台的安全策略如下:为个性化定制、网络化协同、服务化延伸等工业互联网应用的安全运行提供强有力的保障。这里的保障主要指持续的服务能力,保证核心数据安全,对工业应用安全、工业数据安全、智能产品的服务安全、网络安全等提供强有力的保障,如表 16-1 所示。

表16-1　航天云网INDICS+CMSS工业云平台的三大安全策略

安全策略	具体内容
网络安全	保证工厂有线网络与无线网络的安全,保证工厂外与用户、企业建立连接的共同网络的安全
数据安全	这里的数据包括工厂内部产生的生产管理数据与生产操作数据,工厂外部数据、用户数据以及企业敏感数据等。数据安全就是要保护好这些数据的安全,防止数据泄露
应用安全	工业互联网业务的运行需要软件与平台支持,应用安全指的就是保证应用软件与平台的安全

● 04 中科云翼：互联智造服务平台

中国科学院沈阳自动化研究所利用在工业互联网建设方面积累的先进技术与丰富经验，自主开发了一款对标国际领先工业互联网平台的中科云翼互联智造服务云平台，该平台有很多创新性的成就。中科云翼互联智造服务云平台是我国唯一一个支持 Cloud Foundry/Kubernetes 的工业云平台，也是我国唯一一个支持可视化数据分析流程建模工具的平台。

中科云翼互联智造服务云平台打破了企业之间的信息壁垒，将企业内部、外部的各类资源整合到一起，开发了一系列自主可控的大型工业云平台软件产品，为智能制造的实现与发展提供了强有力的支持。中科云翼互联智造服务云平台可提供数字工厂、工业大脑、云 MES 系统等核心服务，如表 16-2 所示。

表16-2 中科云翼互联智造服务云平台的三大核心服务

核心服务	具体内容
数字工厂	可视化建模服务满足ISA 95国际标准的各项要求，可以对全生产要素进行联合建模，创建基于产品模型的制造资源协调调度与生产事件触发机制，助力制造业务组织与研发，实现不同系统数据的集成应用
工业云脑	可以应用于产品整个生命周期，对机器学习算法库、机理模型库、可视化分析模型训练和多维大数据展示等工具进行集成应用，促使生产过程实现智能化分析与决策
云MES系统	可以为离散装配制企业提供云端管控方案，对计划、物料、质量、设备、跟踪、统计全过程进行远程监控与管理，并创建云应用市场，为应用开发者、研究机构、集成商提供所需的工业App，支持制造企业自由选择工业应用，自主部署并运行

中科云翼互联智造服务云平台的安全性极高，是全球第一个支持网络容灾特性的云服务总线。该平台集成应用边缘侧组网与缓存技术，支持本地应用在网络中断的情况下运行 1 小时以上，满足工业 App 运行对时效性

与可靠性的要求，面向云平台提供网络安全、信息安全及系统使用安全等服务，建立身份认证、传输加密、安全漏洞检测、防病毒服务、数据灾备、安全日志、角色权限及性能保障等机制，对工业互联网云平台的安全提供强有力的保障。

除此之外，中国科学院沈阳自动化研究所在安全设计、攻击溯源、评估测试、工程应用等领域的核心技术方面也获得了很多自主知识产权，在设计、研发、应用工业互联网安全服务一体化平台方面积累了丰富的经验。

研究所自主研发的 PLC 安全模块产品已经在工业领域落地应用。中科工业防火墙（SIA-IF1000-02TX/v1.0）已经通过公安部的检测认证，在石油、化工等行业落地应用。PLC 安全模块（SIA-EAM-P1AV1.0）通过阿基里斯网络设备通信安全健壮性 2 级测试。该测试是目前该领域最高级别的信息安全测试。中国科学院沈阳自动化研究所成为国内第一家以网络设备产品形式通过这一测试的机构。

⦿ 05　优海信息：优海云工业互联网平台

当前，在汽车零部件行业，中微型企业主要面临三大痛点：难以承受传统模式数字化建设的成本、没有能力充分利用好管理数据与工业数据、难以吸引数字化转型所需信息技术人才。上述三大行业痛点，呼唤低成本、高效益、低 IT 人才门槛的数字化建设赋能行业平台。十余年专注于汽车零部件制造行业智能化服务的杭州优海信息系统有限公司，在浙江省智能制造专家委员会指导下，成功开发了优海云汽车工业互联网平台。

优海云汽车工业互联网平台的基本目标就是要建设汽车行业数字化制造的基础设施，让所有中小微汽车零部件制造和服务企业，能以极低的成本享受不断升级的数字化制造服务，享受基于大数据智能化分析带来的管理优化和生产优化服务，以及享受全行业范围内的协同制造服务。下面我们对优海云工业互联网平台的建构逻辑进行详细分析：

◆ **价值逻辑**

让制造企业最大限度受益是价值逻辑的终点也是起点。优海云汽车工业互联网平台的价值愿景是围绕降本、提质、增效、协同等目标，打造汽车零部件行业的数字化制造基础设施，力图成为汽车零部件产业数字化转型升级和高质量发展的根本性依托。平台满足公共性、长期性、有效性三个特征，如表 16-3 所示。

表16-3　优海云汽车工业互联网平台的三大特征

特征	具体表现
公共性	平台满足行业内企业数字化制造的服务需求，用户可以低成本获取，按使用量付费
长期性	满足用户长久的使用需求，平台必须以"共创、共赢"的利益机制聚合海量服务资源，进而联合赋能，不断升级数字化制造
有效性	平台通过传递真正的使用价值，培育企业、行业两级用户，乃至终端用户的永久性依赖，包括实现零部件制造企业降本、增效、提质、扬名、轻松造；推进汽车行业产业的转型升级和高质量发展；满足终端用户/消费者大规模定制的需求

◆ **科学逻辑**

平台以构建工业操作系统和数字化制造生态体系为抓手和目标，面向制造企业打造价值传递增强回路是科学逻辑的核心，而增强回路的原点是基于工业 App 应用的平台赋能。为了快速建立行业用户对平台的信任和信心，平台推出的首批工业 App 必须给制造企业的价值感知带来足够的冲击力，但现实中能做到这一点的平台非常少，这大大抑制了制造企业入驻平台的欲望和需求。

优海云汽车工业互联网平台借助长期深耕汽车零部件行业工业软件的优势，集聚了本行业大师级的工业机理专家，他们与工业软件研发团队深度融合，共同规划、设计和研发出一系列高价值的工业 App 集群。

平台推出的第一批应用除了满足基本需求的轻量级 ERP 和 MES 两个工业 App 集群，主要聚焦在爆品级的生产过程动态管控 App 和工艺大师

App 上，让中小微企业能以很低的成本满足高价值的基本需求与核心需求，同时向用户承诺持续迭代升级，并展现出未来向智能制造进阶的路径。

爆品级的工业 App 的开发和推广服务是行业工业互联网平台建设的重要内容。"优优工业 App"就是优海云工业互联网平台上为生产制造核心过程赋能的爆品级应用服务。该 App 以工艺为核心，编组为基础，计划为龙头，报工为抓手，交期为目的，轻松解决在制品管理、产能瓶颈识别、订单跟踪等车间管理难题。

由于"优优工业 App"能解决生产效率、成本和质量等涉及制造绩效的关键问题，入驻平台的制造企业用户数量快速增长。平台价值得以彰显，从而吸引上下游企业和各类合作伙伴不断加盟，平台生态由此形成。各类主体从平台持续获得足够的利益，又会更加积极参与生态体系的建设中，为平台不断作出应有的贡献，使平台的赋能水平和价值传递能力得到可持续增长。

◆　技术逻辑

优海云汽车工业互联网平台架构分为四层：应用层（工业 SaaS）、平台层（工业 PaaS）、基础设施层（IaaS）、边缘层（工业 IoT），并有安全体系为四层架构保驾护航。其中：SaaS 层采用"行业门户 + 微服务 + 基础构件 + 数据总线 +EAI"的架构思路建设。工业 PaaS 层由大量的工业微服务组成，构成汽车工业微服务集群，并采用"底层云容器 + 中台微服务架构"模式，将原子化、轻量化的微服务部署于云容器中，支持灰度发布、一键部署、跨云移植等要求；同时，采用"数据总线"（优海环，EOHI-Loop），以各种主流通信协议，支持架构于不同技术框架下的微服务之间的同步、异步、延时等通信。

IaaS 层包括云主机、云容器等云的硬件基础设施，对接腾讯、华为、网易、天翼等基础工业互联网平台商和基础云平台提供商。

边缘层由数据采集和边缘计算两部分构成，支持设备接入、协议转换、边缘数据处理，以高效采集、暂存、转换、传输来自异质性终端的数据流，并将数据存储、计算、管理等功能从云端延伸到网络边缘，以帮助云、边之间实现更为高效稳定的传感、交互与控制。

此外，优海云汽车工业互联网平台提供应用安全、数据安全、服务访问安全、边缘端安全共四层安全防护措施，通过数据与业务隔离，保障平台客户业务及数据的安全。

◆ **商业逻辑**

构建可持续的动力机制是商业逻辑的本质。"项目＋分成"的应用服务（工业 App）开发、推广机制是优海云工业互联网平台商业逻辑落地的重要内容。每个工业 App（或其集群）的开发和推广都可封装成一个个项目，公司采用内部招标等方式，组建团队研发和推广。

对于工业 App 开发类项目，在规定时间保质保量完成，获得基本的激励；应用服务上线以后，根据创造的效益和认定的贡献大小可以按约定的比例享受分成，直到该应用服务的生命周期结束。对于工业 App 推广类项目，也设计类似的机制。只要入驻的企业用户有收益产生，推广者就可按其贡献和约定的比例享受分成，直到该用户退出平台。

为了推动优海云汽车工业互联网平台的可持续发展，平台按照"众创共赢，共建共享"的基本原则，打造了两种确定利益分配的动力机制，如表 16-4 所示。

表16-4　优海云汽车工业互联网平台的两种利益分配机制

利益分配机制	具体内容
按数字资产的产权分配利益	平台的数字资产包括工业知识、工业数据、工业App、数字孪生体等，平台就是依靠运营这些资产而创造收益的。这些资产要么属于组织，要么属于个人。平台治理的基本工作就是为这些资产的主人进行产权确认，同时获得他们对这些资产运营的委托权。产权人享有利益分配权，即这些资产的运营只要产生了收益，产权拥有者就可享受事先约定的利益分成
按贡献分成权分配利益	平台上所有经过实名认证的注册用户都是平台生态的合法主体。每个主体只要为平台作出了贡献，平台就会记录、计量和认定其所作的贡献，从而获得贡献分成权

5

|第五部分|

产业互联网篇

在产业互联网的作用下，产业边界将变得愈发模糊，传统的产业链、价值链将得以重构，整个行业将形成一种价值共生的生态格局。但产业互联网建设并非易事，除了要做好顶层设计之外，还要搭建产业投融资体系，为产业互联网建设提供源源不断的资金支持。

第17章　推进数字产业化和产业数字化转型

● 01　产业互联网：信息化 3.0 时代

随着互联网发展到下半场，很多企业开始将数字化转型视为经济发展的重要突破口。而对于产业数字化转型来说，产业互联网平台是重要基础。如果说消费互联网改变的是生活方式，社群互联网改变的是社交方式，那么，产业互联网改变的就是生产方式。

从本质上看，产业互联网就是产业组织的创新，基层是产业开放创新生态圈，中间层是资本运作、技术架构和商业模式。在数字化、智能化的技术环境下，产业互联网想要实现更好的发展，需要多个创新主体协同推进。目前，产业互联网的发展刚刚起步，正处在探索阶段，需要对技术逻辑、资本逻辑、商业逻辑、产业逻辑、生态逻辑进行深入探究，为产业的数字化转型与产业组织创新提供更强有力的支持。

目前，产业互联网领域的参与者大多来自学术界、投资界、企业界、技术界，很少有人立足于产业技术与经济社会变革对产业互联网进行深度剖析。而我们想要全面理解、认识产业互联网，必须全面把握信息技术的特征以及演进发展历史，结合互联网上半场的发展历程，对互联网下半场的发展进行预测，对产业互联网的本质与使命进行探究。

信息技术可以将人与人、人与物、物与物连接在一起，实现万物互联；可以立足于人的需求，改变生产方式、优化资源配置；可以实现自动化、智能化生产，替代部分人类的劳动；可以真实地反映人的需求；可以拓展人的生存空间；可以释放人的价值潜能。

　　综上信息技术的作用，根据国家对信息化做出的界定可知：信息化指的是培育、发展以智能化工具为代表的新生产力，使其服务于社会发展。目前，人们关于"信息化"的普遍认知是推动经济结构的重心从物质与能源向信息转变的过程。

　　在信息化的过程中，信息化的本源不会发生变化，内涵和外延却在不断延伸。信息化本源指的是相较于物质、资源、能源等要素来说，知识、信息、数据等在创造财富、提高生产力方面发挥着更重要的作用。至于信息化的内涵和外延，则根据信息技术的发展不断延伸、深化。

　　在信息化 1.0 时代，信息技术大多是软硬结合、数控兼备、器网结合，强调的是软件、互联网和自动化。这个阶段的互联网被称为消费互联网、社交互联网。在信息化 2.0 时代，信息技术强调线上线下、随时随地、智慧感知以及社交化。这个阶段的互联网被称为工业互联网。在信息化 3.0 时代，信息技术开始向智能化、数字化的方向发展，强调搭建云端云台，形成智联生态，实现数智兼备、智能感应。这个阶段的互联网被称为产业互联网，是数字化、智能化技术在生产方式、生活方式、社交方式、消费方式层面的集中体现。

◉ 02　互联网的下半场革命来临

　　产业互联网是伴随着产业技术革命出现的一个概念。迄今为止，人类社会共经历了四次产业技术革命。前两次工业革命发生在工业化层面，是生产方式决定生活方式。第三次工业革命发生在信息化层面，转变为生活方式决定生产方式。正在发生的第四次工业革命则是要将生活方式与生产方式打通。那么，究竟什么是产业互联网呢？具体分析如下。

　　目前，从狭义上看，产业互联网指的是面向生产者，通过在生产、交易、融资、流通等环节渗透应用提高生产效率与交易效率，节约生产资源，通过资源优化配置推动产业实现稳定可持续发展，创新管理模式、服务机制与服务体验，催生全新的产业形态。从广义上看，产业互联网指的是面向生产者与消费者，通过在社交、体验、消费、流通、交易、生产等环节渗透应用，对各类资源进行优化配置，提高供应效率与消费体验，最终促使生产方式与生活方式相互融合，催生一种全新的产业形态。在"数字中国"战略中，产业互联网发挥着至关重要的作用。

互联网上半场的典型表现是互联网等信息技术从物理空间走向虚拟空间，打破人们的生活方式、企业经营发展和产业组织发展方面的时空限制，直接或间接地产生了更大的经济效益与社会效益，带给人们更极致的消费体验。

在这个过程中，信息化给人们的生活带来诸多便利。一些产品和终端成为人的"第六感"，可以全方位获知人的需求。企业发展打破区域限制，走向全国市场甚至国际市场，仅通过在一个细分领域深耕就能实现稳定可持续发展。产业发展逐渐去中心化，从大企业的去中心化到平台企业的去中心化，再到整个产业去中心化。

具体来看，互联网上半场，在"互联网＋行业"模式下出现了很多B2B、B2C、B2B2C平台企业，给人们的消费方式、生产方式、生活方式带来了极大的改变。在这个阶段，没有行业经验、产业基础的人和企业更有优势，更容易成为行业领导者。

互联网下半场则是利用大数据、移动互联网、云计算、物联网、5G、人工智能等新一代信息技术，秉持供需融合、跨界融合的产业思维将生产方式与生活方式联通，形成一种新的经济形态、产业结构、组织方式与增长方式，对新一轮产业革命的开展产生积极的推动作用。

如果我们用"从信息经济到平台经济"来总结互联网上半场，那么，互联网下半场就是通过大力发展工业物联网、产业互联网改变生活方式、生产方式与消费方式，将生产方式与生活方式打通，将生态经济打造成平台型企业发展的核心动力。

在互联网下半场，企业想要成为新一轮产业变革的领导者，必须具有强大的产业基础与丰富的行业经验，并与互联网、人工智能等新一代信息技术相结合。因此，互联网上半场是利用C端流量、市场需求反向配置生产资源。互联网下半场则是在消费反向决定生产的基础上重塑产业组织方式，不是简单地对生产方式进行智能化改造。

03　人类生产与生活的全面融合

全面融合，在电商互联网平台的影响下，消费模式发生了巨大改变；在社交互联网平台的影响下，生活方式发生了巨大改变；在工业互联网平台的影响下，生产方式发生了巨大改变；在产业互联网平台的影响下，生产方式与生活方式将同时发生巨大改变。产业互联网的作用机制整合供给与需求、工业与商业、虚拟空间与智能硬件、生产方式与生活方式，形成集数据驱动、平台赋能、智能终端、场景服务、社交生活、敏捷供应等功能于一体的生产生活方式。

◆　全面实现生产方式生活方式贯通

目前，很多工业互联网因为缺乏面向消费者的数据与流量，无法通过消费端、应用端对生产资源进行反向配置，无法形成智能化程度较高的智能工厂，所以无法成为真正意义上的产业互联网。而"消费互联网＋智能工厂"模式之所以无法成为真正意义上的产业互联网，主要是因为没有改变生产方式，没有实现生产方式与生活方式的全面贯通。

产业互联网的数据驱动指的是将数据作为重要的生产要素，驱动生产方式变革。平台赋能指的是让生产、交易过程从物理空间走向虚拟空间，吸引第三方、第四方介入。智能终端指的是将智能硬件打造成云端云台的触角，收集更多信息。场景服务指的是让数据、内容、服务、交易等融为一体，根据市场需求对各类资源进行优化配置。社交生活指的是将交易、生产等活动融入人们的日常生活。敏捷供应指的是缩短生产与消费的距离，让产品、服务供给做到短、平、轻、快。由此可见，工业互联网与消费互联网由于只面向生产端、消费端，没有创新生活方式与生产方式，所以都不能称为产业互联网。

◆ **产业互联网创新与构建的着眼点**

产业创新的核心在于把握生产与消费的发展趋势，深入了解二者之间的相互关系。过去，生产过程主要提供消费品，产生了很多制造企业、供应商。消费过程注重挖掘客户需求、搭建营销网络，于是产生了大批代理商、采购商。从生产到消费是一个链条式的供应关系，在这个关系链上，以生产决定消费的正向关系为主，消费反向决定生产的关系为辅。工业与商业、生产与消费、行业与行业之间的界限明显。

人类进入互联网经济时代之后，随着信息技术与平台模式应用范围的扩大，生产供应方式逐渐从工业品、消费品向消费互联网、社群互联网、产业物联网、产业互联网的方向发展，产生了很多电商平台、云平台与App。在消费端、客户端，流量、终端、社交、数字、内容、场景、体验、触点网络等成为关注的重点。

此阶段涌现出很多平台型企业，对卖方与买方、上游与下游、供应与消费之间的关系进行重构，创造出很多新型产业组织者、商业生态建设者、开放创新生态建设者等新角色。在这个过程中，很多产品与服务具备多重属性，例如，新场景、智能终端、社交生态等。很多产品与服务的交易关系也从F2B2C发展为B2B、B2C、F2C、F2B，销售渠道不断缩短，客单量越来越多，供应方式越来越灵活、便捷，甚至有用户参与到产品设计、生产等环节。另外，还有些产品与服务的生产过程与消费过程有机融合，推动了产业发展、产品组织。

⬤ 04 数智融合：迈向智能社会

在新冠肺炎疫情防控过程中，很多假设中的场景落地成为现实，例如，利用大数据追踪密切接触者、远程监控密接者的行动、全民防控与群民共治等。这些变化体现了科技革命、产业变革、经济增长与社会发展的实质性变化。这些变化主要体现在七个方面，分别是从碎片信息到数据驱动、从智慧感知到智能感用、从前台思维到后台思维、从物理线下到虚拟线上、从工业工厂到智能工厂、从科层行政到扁平治理、从科技求富到科技向善。

这个过程中，在人工智能、互联网等新一代信息技术的作用下，消费模式变得愈发场景化，生活方式变得愈发社交化，生产方式变得愈发智能化，治理方式变得愈发数字化。人类社会发展逐渐脱离半工业半信息化阶段，向着万物互联、数据驱动的智能社会快步迈进，大量科幻电影中的场景正在落地实现。

快速发展的信息技术将对经济社会的发展产生深远影响。这种影响主要体现在六个方面，如图 17-1 所示。

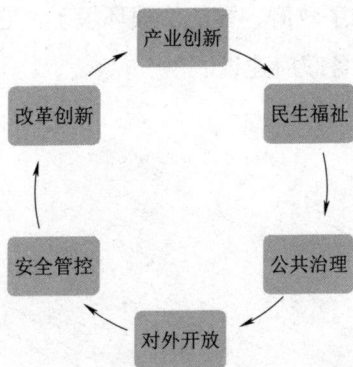

图 17-1　信息技术对经济社会的六大影响

（1）信息技术可以优化技术创新与产业发展之间的关系，将对产业创新产生重要影响，即数字产业化、产业数字化、数字中国等，最终形成全新的经济形态与生产方式，实现数智兼备、器网结合、智联生态、智能感应。

（2）信息技术可以优化生产供应与消费需求之间的关系，将对民生福祉产生重要影响。过去总是生产决定消费，在信息化驱动下，消费将反向决定生产。在此形势下，工业经济将向智能化、数字化的方向发展，形成数字经济。

（3）信息技术可以优化经济建设与社会建设之间的关系，将对公共治理产生重要影响。新基建不是简单的基础设施建设，而是推动社会建设与经济建设协同发展的重要力量。随着新型基础设施越来越多，它将进一步拓展经济建设的空间，赋予其更多新功能。

（4）信息技术可以优化内循环与外循环之间的关系，将对对外开放产生重要影响，以数字经济、智能技术带动数字经济发展，进而带动数字贸易、服务贸易、货物贸易发展，打通内循环与外循环，推动外向型工业经济向开放型创新经济加速发展。

（5）信息技术可以优化安全稳定与快速发展之间的关系，将对安全管控产生重要影响，在全面安全观的指导下，不仅要做好风险监管与防控，还要做好风险疏导。

（6）信息技术可以优化深化改革与服务创新之间的关系，将对改革创新产生重要影响。在数字政府、智能治理环境下，它可以进一步提升公共服务效能，推动新型服务政府建设。

第18章 产业互联网重塑全产业链与价值链

● 01 创新内涵：打破产业的边界

现阶段，产业发展正在打破传统的发展模式，从第一产业、第二产业、第三产业向一维产业、二维产业、三维产业发展。在这个过程中，产业互联网发挥着重要的承托作用。产业互联网可以打破时空限制，重塑产品形态，跨越企业边界、产业边界与商业边界，锁定技术门槛，立足于产业开放创新的生态圈，站在产业组织的高度，依托交易平台、供应链金融、产业数字化对整个产业进行重构。

目前，企业估值已经成为一个热议话题。简单来说，企业估值指的就是预估企业未来的价值。那么，企业未来的价值如何判断？一般认为，如果企业能够面向最大的市场，用最少的投入在最短的时间内获得最高的利润与价值，并且锁定技术门槛，就会被认为未来价值较高，估值自然也更高。在传统的市场环境、产业格局和技术条件下，企业很难做到这一点。

因此，在企业发展、产业成熟的过程中，人们往往通过产业互联网的六大核心价值来判断企业价值，即企业能否打破时空限制，能否重塑产品形态，能否跨越企业边界、产业边界与商业边界，能否锁定技术门槛。在此基础上，产业互联网要实现六个方面的创新，如表18-1所示。

表18-1　产业互联网创新的六个方面

创新层面	具体内容
打破时空限制	企业要从物理空间走向虚拟空间，通过线上、线下相互融合，打破区域市场的限制，走向全国市场乃至全球市场，获得更大的成功
锁定技术门槛儿	企业要利用信息技术、数字技术、智能技术，大力发展高科技、硬科技、黑科技，通过技术创新构筑竞争屏障，在竞争中掌握主导权、主动权，实现硬技术与软创新的有机结合
重塑产品形态	在制造业与服务业、产品与服务深度融合的背景下，企业要致力于打破产品或服务的传统形态，推动软件与硬件、产品与服务、平台与终端、线上与线下深度融合，带给消费者全新的价值与体验
打破商业边界	企业要不断优化交易模式，努力从大规模生产向个性化定制转变，将商业模式融入生产方式与生活方式，让产品与服务融入人们的生活，甚至让其成为人功能的延伸
打破企业边界	企业要遵循"去中心化—再中心化—再去中心化"的发展逻辑，打破商业企业、工业企业、中介企业的边界，转向产品企业、平台企业、生态企业，优化企业的组织方式，更新资源配置方式，创新企业发展模式与产业组织方式，推动企业实现融合发展
打破产业边界	在传统供应链、产业链环境下，供应商上下游、买方与卖方属于链式供应关系。在产业互联网环境下，企业要打破这种关系，让供应链上下游、买方与卖方相互依靠、共荣共生，实现共同成长，进入开放创新生态环境下的价值网，形成一种全新的生态关系

◉02　顶层设计：底层逻辑与创新路径

　　产业互联网平台涵盖了政府、平台企业、大企业、投资机构等主体，主要功能是发挥政府引领作用与产业组织作用，引导产业互联网更好的发展。产业互联网的利益相关方要以平台为依托，围绕不同的场景、需要、交易与供应创建开放创新的生态圈，促使业务不断下沉，各项资源实现优化配置。

产业互联网平台共包含三大逻辑，如表18-2所示。

表18-2 产业互联网平台的三大逻辑

逻　辑	具体内容
资本逻辑	涵盖三方面的内容，即创业投资如何参与产业互联网？如何以股权为纽带对各个产业进行整合？如何将供应链金融作为产业互联网的重要体现？
技术逻辑	包括安全、数据、网络等诸多内容，核心在于利用数字化、智能化技术，结合高端软件让整个供应链实现数字化
商业逻辑	创建以交易平台为核心的商业模式，从第三方走向第四方，对商业模式进行优化

　　上述产业互联网的顶层设计是站在产业组织的角度，以交易平台、产业数字化、供应链金融为依托，探索产业重构的方法与模式。这里产业组织的基本功能是在政府的引领下，培育一批产业组织者，引领产业互联网发展。在产业互联网发展的过程中，交易平台、产业数字化、供应链金融主要发挥以下几个方面的作用，如表18-3所示。

表18-3 交易平台、产业数字化、供应链金融的作用

项　目	作　用
交易平台	促使需求与供给、卖方与买方、上游与下游、B端与C端实现有机结合，用数据取代流量，将数据打造成产业互联网发展的核心驱动力
产业数字化	促使工业与商业、制造与服务、工厂与场景实现有机结合，推动大批量生产转向规模化定制，从自动化生产转向数字化、智能化生产
供应链金融	促使人流、信息流、货物流、商品流、资金流向数据流、价值流转化，在转化过程中完成价值再造与价值提升

　　产业互联网立足的是开放创新生态圈，主要功能是促使产业链的利益相关主体实现有机结合，促使大中小企业实现互联互通，促使政产学研用

相互融合，为产业互联网的发展奠定良好的基础。

综上所述，产业互联网的建设应用是一个系统的创新过程，涵盖了组织创新、模式创新、技术创新、金融创新、管理创新众多环节。严格来讲，工厂级的工业互联网、产业互联网不是真正意义上的产业互联网，称其为智能工厂更加准确。这些智能工厂想要成为真正意义上的产业互联网，必须在统一大数据云平台的驱动下完成系统性创新与结构性重构。在这个过程中，产业互联网的发展呈现出以下趋势：

- 产业互联网的硬件设备与网络设施将成为行业关注的重点、难点，尤其是智能传感器，它不仅是产业互联网的关键硬件设备，而且可以产生海量数据；
- 产业互联网的核心部件——产业云平台将呈现出中间集中、两端分散的格局，在未来，将与行业、企业、区域相结合，实现更好的发展；
- 产业互联网的"大脑"工业软件要以全新的架构为生产服务。在相关App的作用下，生产方式与生活方式将全面打通；
- 产业互联网平台在发展过程中面临着巨大的数据安全风险，尤其是信息安全，不仅面临着挑战，也迎接着机遇。

● 03　产业组织：构建价值共生的生态格局

产业互联网不是"互联网＋产业"，而是借助产业互联网平台进行产业组织，对传统的产业链、价值链进行重构，创造出一种全新的生活方式、生产方式、增长方式和治理方式。在产业组织的过程中，人们要从认知层面完成从产业价值链到产业价值网的升级，完成从生产函数滚动增长到生态指数持续增长的发展目标，完成从服务型政府到创新型服务型政府的发展与演变。

◆　**加快从产业价值链到产业价值网**

从产业价值链到产业价值网是一个认知不断升级的过程，也是工业经济不断向创新经济发展的过程。其背后的规律是产业从模块化发展转向生态化发展。在模块化发展背景下，产业价值链会经历分解、融合的全过程，呈现出线性发展趋势；在生态化发展背景下，产业价值网会实现跨界融合，呈现出爆发增长之势。

从本质上看，产业模块化发展就是产业链分解再分解、融合融合再融合的过程。在这个过程中，某个行业的产业价值链分解，裂变成一个个独立的价值节点。这些价值节点重新整合，功能大幅提升，催生大量相对独立的价值模块制造者、规则设计者与集成者，让整个产业实现动态分化与整合。

产业生态化指的是产业发展摒弃过去的块状经济、产业集群发展模式，转向生态化发展，推动产业创新从构建创新体系与创新网络转向构建创新生态，促使产业链、创新链、资本链、数据链、供应链的创新方式从串联转变为并联，将人流、物流、信息流、资金流转化为数据流、价值流，最终让企业实现相互连通，协同创新，对各类要素资源进行共享，对各类资源进行优化配置，加速产业形成，推动生产组织方式创新。

在从产业价值链向产业价值网发展的过程中，人们的关注点要从产业价值链上下游的关系转向产业价值网左中右、前中后的关系；从串联式的生产消费供应链转向并联式的开放创新生态圈；从非生即死的竞争转向共同发展；从注重产业分解与融合的线性增长转向产业融合、跨界发展的爆发式增长。

◆　**从生产函数滚动到生态指数增长**

生产函数是经济学领域的一个概念，指的是在一定时期内，在稳定的技术水平下，生产要素的数量与最大产量之间的关系。在技术水平、技术构成不变的条件下，产业发展随着生产要素的投入不断增加，就会出现特定的产出。在这种传统的惯性思维下，产业发展出现了要素驱动、投资驱动等众多生产模式。在产业互联网发展模式下，产业发展不再是只关注要素投入与最终产出之间的函数关系，开始思考如何在技术构成、制度结构、组织方式不变的基础上，用最少的投入获得更高的生产效率与生产效益。

在产业互联网环境下，人们不再关注"投入—产出"关系的生产函数，开始将目光转向"输入—输出"关系的生态函数。生产要素也从人才、土地、资本、技术转变为场景、智能、数据、平台、生态。组织方式也从工业化、信息化、市场化、资本化转变为场景拉动、智能引领、数据驱动、平台带动、生态赋能，最终形成开放共享、充满活力、互利共赢的创新生态圈与全新的产业组织，如图18-1所示。

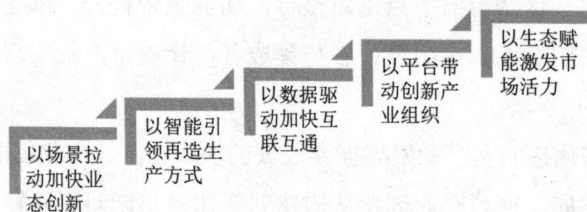

以场景拉动加快业态创新　以智能引领再造生产方式　以数据驱动加快互联互通　以平台带动创新产业组织　以生态赋能激发市场活力

图18-1　创新生态圈的形成

（1）场景拉动指的是面向需求再造与需求挖掘，对数据、内容、工具、服务、体验等要素进行综合利用，对市场空间、消费空间、应用空间与想象空间进行全面拓展，最终实现业态创新。

（2）智能引领指的是将以大数据、5G、人工智能为代表的新一代信息技术与制造行业深度融合，形成新的技术构成、技术架构、组织方式，最终创造出新的生产方式。

（3）数据驱动指的是将人流、资金流、信息流、物流、商品流转变为数字流与价值流，促使这些资源实现开放共享、相互联通，为生产方式的转变、生产效率的提升奠定良好的基础。

（4）平台带动指的是对企业、市场、集群之间的关系进行优化，打破企业边界、商业边界和产业边界，对产业组织创新产生积极的推动作用。

（5）生态赋能指的是让平台实现去中心化，为企业发展创造一个开放创新、共生共荣的环境，促使市场活力全面释放。

◆　从服务型政府到创新型服务政府

在数字经济环境下，随着一系列新兴产业崛起，产业发展规律发生了一定的变化，包括产业组织方式、产业管理范式、公共服务治理模式等，对一直以来强调经济建设的政府带来了一系列挑战，主要表现为作为制度接受者的企业的地位与制度产品之间的矛盾。

具体来说就是，无论工业、服务业，还是传统产业、新兴产业都有各自的发展规律。在工业经济时代，政府表现出巨大的作用，形成了一套成熟的管理机制。因为工业时代的产能、能耗、营收、物耗等都可以计算，相关资源的配置可以量化、可以控制。但这种管理机制在服务行业、新兴产业表现出极强烈的不适应性。

为了解决这一问题，政府要顺应产业跨界融合发展的趋势，从公共行政型政府、服务型政府向创新型服务政府转变，成为地区创新生态的设计者、建设者与维护者。政府要成为"第四方新型产业组织者"，在经济建设过程中发挥主导作用，扮演好新兴产业组织者的角色，为企业搭建创新平台，完善服务体系，为企业创新营造良好的环境；要成为"第三方创新服务集成者"，引入高水平的专业服务机构，对社会资源进行优化整合，为企业提供高质量的服务；要成为"第二方精益服务提供者"，为企业提供优质的公共服务。

在从服务型政府向创新型服务政府演变的过程中，政府要率先转变观念，对新事物保持敏感，坚持创新驱动，形成开放式协同创新格局，鼓励政府、企业、产业、高校相互协作，创造一种"政产学研金介"六位一体的发展模式，形成共生共荣的生态格局。

● 04　技术架构：从数字产业化到产业数字化

产业互联网的构建虽然离不开5G、人工智能、大数据等新一代信息技术，但绝不是这些技术的简单堆砌，而是需要从顶层进行思考与设计的。过去，产业互联网建设比较注重"器"与"技"，忽略了技术架构。下面我们尝试从技术架构背后的商业化逻辑、社交化逻辑、数字化逻辑切入，对产业互联网的技术架构进行探究。

◆ 优化产业互联网的技术顶层架构

企业想要做好产业互联网的技术顶层架构必须从业务架构与商业逻辑着手，秉持产业跨界理念构建平台与生态融合的新模式，立足于用户需求，坚持以行业应用为导向，在大数据的驱动下，以基础设施为基础，构建一个以网络、平台、安全为核心的技术体系，为产业互联网新业态的发展提供技术支持，形成反向设计与逆向创新。

近几年，工业互联网平台、产业互联网平台、产业物联网平台等遍地开花。但制造企业搭建的工业互联网平台带有浓厚的智能工厂味道，与消费端的交互比较少。电商企业搭建的工业互联网平台注重流量，但基础不牢。消费社交平台搭建的产业互联网主要用来开展商务活动，不仅无法适应产业跨界融合的发展趋势，而且无法打通生产方式与生活方式。这也就是说，虽然近年来出现了很多产业互联网平台，但没有特别成功的产品。

现阶段，越来越多的产品企业、平台企业开始向生态企业发展。不同性质的企业、处在不同发展阶段的企业需要不同的业务模式。在生态企业发展的过程中，首先要完成平台化转型，成为平台企业；然后要从多个方面发力参与产业变革，在产业变革过程中抢占优势地位，通过"去中心化（集团化）、再中心化（平台化）、再去中心化（生态化）"，让数字内容、智能终端、物联平台、社交商务、场景体验等实现紧密结合。

◆ 让社交贯通生产方式与生活方式

随着人工智能、物联网、5G等新一代信息技术在各个行业渗透应用，人们开始注重数据与体验，可以随时随地实现人人互联的社交软件成为倒逼传统业态转型升级的重要力量，可能催生新业态。从本质上看，社交化就是利用云计算与移动设备将经过处理的数据传输到价值创造终端，再将这些数据应用到商务场景中，使数据的价值得到充分发挥。企业社交化不仅可以将社交网络引入企业管理，让企业内部的沟通协作变得高效透明，还可以让数据的价值得到充分发挥，颠覆传统的业务模式与运营模式，实现组织创新。

如果说互联网打造了一个互联互通的网络空间，对传统行业产生了颠覆作用，那么，社交化就是创造了一种相互交融的生活方式，可以颠覆整个时代。在社交化环境中，人与人、人与社群、社群与社群之间的壁垒逐渐消除；企业内部社交网、伙伴社交网、外部社交网络得以重构；员工之间、企业与合作伙伴之间、企业与消费者之间的关系被重新定义；买卖活动与人类的生活方式深度融合，最终实现轻资产、广覆盖、快成长。

在社交化趋势下，市面上涌现出大批新业态，例如，新媒体、O2O、微信、微博、App等，对企业融资、研发、营销、销售、客服、管理等产生了一定的颠覆作用，创造了一种全新的社交商务生态，引发了新一轮市场革命。正是在社交化的推动下，人类才打通了生活方式与生产方式。因此，对于产业互联网来说，它的技术架构需要的是社交化软件，不是 ERP、ROE 软件等。

◆ 加快从数字产业化到产业数字化

产业互联网依赖数据驱动，因此，产业实现创新驱动的前提就是实现数字化，加快从数字产业化向产业数字化转型发展，在这个过程中要做到以下几点，如表 18-4 所示。

表18-4 从数字产业化向产业数字化转型发展的要点

序 号	具体措施
1	立足于用户需求，从产业端出发逆向创新，加快数智技术创新与应用
2	培育数字新形态，形成线上线下、云端云台、数智兼备、器网结合、智联生态、智能感应的经济新形态以及兼具硬科技属性与平台属性，可以实现跨界融合的新型企业
3	全面推进数字新基建以及智能化数字基础设施建设，完善算力基础设施、新技术基础设施和通信网络基础设施建设，构建一个超级智联生态

续上表

序　号	具体措施
4	创造新消费场景，促使数据、内容、算法、体验、服务、硬件等实现有机结合
5	优化要素供给，促使数据要素和智能技术、场景需求、平台组织、生态赋能紧密结合，推动各项要素自由流动，使要素配置效率得以大幅提升
6	为网络创新提供广阔的空间，建立健全网络安全保障体系，提高网络安全保障能力，完善网络空间治理规则，催生物联网安全、网络安全以及数据安全新业态
7	营造一个充满活力、生命力、竞争力与影响力的创新生态，实现政府搭建平台、市场开辟赛道、企业参与竞赛
8	积极推进产业治理，用数字化手段提高现代治理能力，用经济化手段探寻社会治理问题的解决方案，通过社会建设对经济建设产生积极的推动作用

第19章 生态创新：产业互联网的商业落地

◉ 01 从平台化到生态化的跃迁

产业互联网的基础是构建一个产生并促进交易的平台。市场只有在这类平台的支持下才能实现商业模式创新。如果平台只具备交易功能，只能称之为消费互联网。真正的产业互联网平台必须面向产业创新生态，从平台化走向生态化。目前，产业互联网的发展已经进入下半场，将催生很多新业态与新模式。

传统的商业模式主要依托于线下的物理空间。从区域市场开始实现产供销一体化，即从贸易销售、生产制造再到研发创新形成一个完整的循环，待区域市场发展成熟后再扩大再生产，向更广阔的市场拓展，这个过程被称为滚动发展和线性增长。

产业互联网平台的发展逻辑是从线下的物理空间向线上的虚拟空间发展，颠覆了传统的一个一个接单、一项一项做事、产供销一体化的商业模式，直接发展为海量流量、众包研发、社会化生产、敏捷供应链、分布式检测、粉丝式传播等，为企业带来源源不断的收益，同时帮助企业从区域市场向全国市场乃至全球市场拓展，实现爆发式增长。

在传统商业模式下，企业发展需要大量劳动力。在产业互联网模式下，企业发展需要大量技术与工具，企业与员工的关系也从雇佣关系转变为合伙关系。具体来说就是，产业互联网平台立足于新的生活方式，对买方与卖方、产业链上下游、供需端进行重新定义，开发新产品与服务，吸引海量流量与订单，再进行分布式匹配，为客户提供相应的服务，对社会资源、企业的人力物力进行优化整合，充分发挥第三方支付、品控、信任等作用，让交易双方、产业链上下游共同获利。

消费互联网是经营实体，将产业链上下游、供需端、买卖双方连接在一起，通过促成交易、资源配置、开源创新等降低交易费用，从价值增值中获取收益。工业互联网是平台，可以推动生产方式向数字化、智能化、网络化的方向发展。产业互联网也是平台，其主要功能在于链接一切，打破时空限制，助力企业迈出区域市场，向全国市场、全球市场拓展，用先进的技术、工具取代人工，颠覆传统的以产定销模式，根据生产需求反向配置资源，打造一个敏捷的供应链，最终实现无边界、无距离的爆发式发展。在这个过程中，交易发挥着纽带作用，可以将物流、金融、信息等串联在一起。

● 02 加快从第三方平台到第四方平台

从本质上看，从第三方平台到第四方平台就是从平台化向生态化发展，创建一个产业开放创新的生态圈。产业生态与创新生态的侧重点存在很大的不同，前者注重产业链上中下游以及大中小企业之间的关系，后者注重政、产、学、研、金、介、用之间的关系。

基于此，产业创新生态就是要以产业的组织能力、资源的配置方式、营商环境与制度安排为核心。其中，产业生态强调平台型企业、平台化大企业、产业组织者的作用；创新生态强调发挥创新型服务政府的引导作用；提高资源配置能力与开放创新水平。

在这种情况下，产业互联网发展所依托的开放创新生态圈具备以下特征，如表19-1所示。

表19-1 开放创新生态圈的五大特征

特　征	具体表现
强调生态	营造开放创新的生态圈，推动创新生态与产业生态闭环发展、协同演进，充分发挥生态圈的赋能能力

续上表

特　征	具体表现
强调平台流量	产业开放创新生态圈要成为超级第四方平台，同时注重第三方平台的培育与引进，突出创业、企业、产业等领域的流量
强调源头资源	突出地方高校、研究机构、产业集团等智力资源的源头地位，引导创新资源源源不断地流向创业、企业、产业等领域
强调服务价值	将科技服务转化为产品，推动科技服务集成化、便利化、网络化，为企业的创业创新、开放合作提供强有力的支持
强调开放氛围	立足于行业文化或者地域文化，为创业、企业、产业营造良好的发展环境

● 03　搭建完善的产业投融资体系

产业互联网的构建与应用离不开资本的支持，需要创业投资机构、产业投资基金组织推动。在资本运作方面，产业互联网可以开展股权融资，利用股权对产业进行整合，还可以借助供应链金融，对财政资本与社会资本、金融资本与产业资本、直接融资与间接融资进行整合，形成一个比较完善的产业投融资体系。

◆ 创投机构成为产业互联网组织者

在产业技术革命推进的过程中，技术创新提供了原动力，金融创新提供了资本保障，最终表现为产业组织方式的发展与演进。目前，在培育新兴产业、以创新驱动发展方面，很多国家和地区已经形成了通用的模式，即围绕产业链布局创新链，再围绕创新链布局资本链，最终构建一个支持产业创新、实现了全面产业化的产业组织方式与科技金融体系。在科技革命与产业变革同时推进的时代背景下，无论金融创新还是产业创新，都需要财政资本、产业资本的支持，最终形成以创新为驱动力，可以实现内生增长、开放合作的发展格局，进而推动组织创新。资本在产业互联网发展过程中占据主导地位。

在这个过程中，创投机构扮演着非常重要的角色，既是产业互联网建设与应用的组织者，又是政府财政资本、政府引导基金的合作者。具体来看，在产业互联网建设的过程中，创投机构主要发挥以下作用，如表 19-2 所示。

表19-2　创投机构的三大作用

作　　用	主要表现
挖掘创意	作为一种新兴产业，产业互联网在发展过程中需要不断试错。创投机构可以为这种试错提供资金支持，释放出更多超前、有创意的想法，为产业互联网的发展提供更多支持
创新循环	创投机构可以让产业互联网各个环节无缝对接，提高创新资源、产业要素的流通效率，解决制约创新循环形成的关键问题
创业辅导	产业互联网在初期发展阶段必然会面临各种问题，需要有经验的创投机构提供指导，将一些创意、前沿技术转化为成熟的商业模式

随着财政体制改革不断推进，政府亟须利用产业基金等政策工具对产业扶持方式进行创新，推动传统产业转型发展，培育新兴产业；亟须借助创投机构创新财政资金的配置方式、搭建产业互联网平台，促使公共资源实现高效配置，对产业扶持方式以及组织方式进行创新。

◆　股权网络成为产业组织重要纽带

产业互联网建设需要投入大量资金，虽然可以创造高收益，但其建设与应用也面临着较高的风险。因此，产业互联网建设既要政府充分参与，也需要吸引大量社会资本。目前，很多创业投资机构与社会资本都非常愿意向处在成长阶段或者已经发展成熟的企业投资，接下来政府的主要任务就是引导这些机构与资本将投资重心转到产业互联网领域。

这些投资机构与社会资本凭借雄厚的资金实力、广泛的人际关系、丰富的管理经验、深厚的行业背景，可以挖掘出很多富有创意以及发展潜力的想法。在投资机构与社会资本的支持下，创业者可以将想法凝结成可行的商业计划，将技术转化为实际的产品，逐步探索形成成熟的商业模式，最终进入市场，接受市场的检验。

很多时候，可以把产业互联网平台看成是投资平台、创业创新平台，凝聚了战略投资、产业投资、创业投资、天使投资、财务投资等不同类型的投资。正是在这些投资的助力下，产业互联网中的企业与个体才能以股权为纽带建立连接，对产业跨界融合与资源跨界配置产生积极的推动作用。对于产业互联网来说，这些投资还是一种无形的资源，可以提高创业企业的信誉，扩大创业企业的社会关系网、提高创业企业的管理水平等，可以对产业互联网生态的形成提供强有力的支持，促使生态圈企业实现同频共振。

◆ 供应链金融成为产业互联网入口

产业互联网连接的主要是供应链，即从产业或企业的上游切入，将整个物流、信息流、商流、资金流和价值再造的过程串联起来。上下游企业相互连接形成产业，各个产业相互连接实现产业跨界，再基于互联网相互连接形成产业互联网。现阶段，投资机构之所以愿意投资产业互联网，在很大程度上是因为供应链金融。

供应链金融是随着供应链管理的发展而产生的一个概念，是在产业互联网的基础上发展起来的一种产业形态与商业模式，其核心在于"金融"。未来，供应链金融将立足于产业互联网平台，以互联网、物联网、大数据、区块链等技术为依托，向智慧供应链的方向发展。正是因为投资机构可以利用互联网掌控融资企业的信用情况，控制交易风险，所以才能毫无顾忌地为产业互联网生态圈内的中小企业投资，为这些企业提供供应链金融服务。

产业互联网的建设与发展离不开供应链金融的支持。因为产业互联网服务体系要实现多流合一。这里的多流指的就是商品流、物流、信息流、资金流、数据流，其中，最关键、最有增值空间的就是资金流。正因如此，供应链金融才能成为产业互联网的核心。

再加上，某企业凭一己之力搭建一个只用于交易的产业互联网平台没有太大价值，同时如果仓储企业、物流企业只为客户提供仓储运输服务，不开展交易活动，不进行供应链融资，也不会获得太大的增值空间，根本无法提高客户黏性。也就是说，企业只有以在线交易、供应链金融、智慧物流为切入点进入产业互联网服务体系，才能形成产业互联网生态。

● 04 产业互联网的突围与创新方向

在互联网下半场，传统消费互联网实现了转型升级，促使生产制造领域封闭的 IT 系统变得更加开放，并赋予社群互联网更强的交互性，既可以借助产业互联网打通生产与消费，借助产业物联网让产品和服务、软件和硬件与供应关系、创新生态实现紧密结合，还可以在人工智能的支持下拓展商业领域，在平台的支持下提高产业组织能力，并利用数字内容创造新的商业场景，找到产业互联网下半场发展的突破口。具体来看，产业互联网下半场有十个创新方向，如图 19-1 所示。

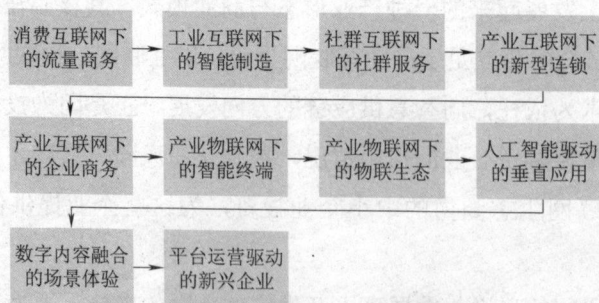

图19-1 产业互联网下半场的十大创新方向

（1）消费互联网下的流量商务。在互联网下半场，电子商务将慢慢向流量商务发展。流量商务遵循的是前中后台思维，其中，前台主要指各种类型的 App，后台主要包括处理、消化、支撑系统，中台指的是数据中台。一个可以衍生业务、实现精准匹配的数据中台是流量商务业态形成的关键。

（2）工业互联网下的智能制造。在工业互联网环境下，数据是重要的生产力，智能、互联是重要的组织方式。随着工业机器人、3D 打印设备、智能无人系统、智能工厂 / 数字车间、云制造、个性化定制、服务型制造等智能制造装备与生产方式相继涌现，对制造业服务化、服务业制造化的实现产生了强有力的推动作用。

（3）社群互联网下的社群服务。过去，社群服务大多是在传统信息技术 1.0 的基础上衍生出来的社交网站、社交媒体等。目前，社群服务已经演变为在新一代信息技术 2.0 的基础上衍生出来的社交服务。这种社群服务利用云计算以及移动设备将经过处理的大数据传输到价值创造终端，然后通过社交商务场景将这些数据的价值充分释放出来。

（4）产业互联网下的新型连锁。这种新型连锁指的是利用数据中台与业务中台，将分销前台与后台供应结合在一起，形成一种新业态、新模式。这种新型连锁的核心是生产与消费相互作用产生的产业组织效应，可以对创新链与商业生态产生优化整合作用。

（5）产业互联网下的企业商务。随着消费互联网向产业互联网发展，一些消费互联网企业可能会以在 C 端形成的业务体系、积累的用户流量为基础向 B 端发展，这个过程将涉及企业生产方式以及商务方式的改变。

（6）产业物联网下的智能终端。在产业物联网环境下，越来越多的智能终端被视为数据采集、移动传输的入口，与数据分析、网络存储、平台运营、云制造等场景应用相结合，可以实现"产品即服务、制造即服务、软件即服务"，颠覆传统的生产方式、消费模式与产品形态，催生更多新的产品与服务，推动消费端实现网络化、智能化、数字化的改造与升级。

（7）产业物联网下的物联生态。在产业物联网环境下，传统供应链逐渐向创新生态演变，信息流、资金流、人流、物流逐渐向数据流、价值流、利润流转化，实现了线上与线下，产品与服务，软件与硬件，前台、中台与后台，供应与生态的相互融合，最终形成了物联生态，催生了一批全新的经济模式和商业模式。

（8）人工智能驱动的垂直应用。随着数字化、智能化技术在各个行业深入应用，各个领域将出现一批专业化的垂直应用。在这个过程中，人工智能是重要的突破口，通过强化深度学习、云计算、大数据等技术，可以推动数据驱动、智能赋能的实现和发展。

（9）数字内容融合的场景体验。在数字经济时代，随着越来越多的产业跨界融合，生活消费、文旅娱乐、城市服务、城市管理等领域出现了很多全新的经济模式与商业模式。它们实现了数据、内容、网络、服务、设施、终端的相互融合。在这个过程中，市场从消费场景、市场交易、商业运营、产品终端切入反向配置资源的趋势愈发明显，最终对生产商、制造商、运营商、服务商进行整合，创造了一种新业态、新市场。

（10）平台运营驱动的新兴企业。边缘计算、混合计算、认知计算、量子计算等新技术的出现与应用，将推动传统的经济形态、商业模式、价值链各环节的重构，催生一批消费级、平台级、区块链、产业级的应用，进而催生一批平台驱动的新兴产业。